Cómo domar a tu gremlin

Título original: *Taming Your Gremlin, A Surprisingly Simple Method for Getting Out of Your Own Way*

Cómo domar a tu gremlin,
Un método sorprendentemente simple
para dejar de sabotearte a ti mismo
Primera edición en México, agosto de 2013

D.R. © Edición Revisada Copyright © 2003,
        por Richard D. CARSON
        Publicado por acuerdo con QUILL, un
        sello de HARPERCOLLINS PUBLISHERS
        Edición revisada copyright © 2003
        por Richard D. CARSON
D.R. © EDICIONES B México por la traducción,
        traducción de Javier RAYA
D.R. © EDICIONES B México por la ilustración,
        ilustraciones de Novle ROGERS
D.R. © 2013, EDICIONES B México, S.A. de C.V.
        Bradley 52, Anzures DF-11590, México
        www.edicionesb.mx
        editorial@edicionesb.com

ISBN: 978-607-480-460-7

Impreso en México | *Printed in Mexico*

RICK CARSON

Cómo domar a tu gremlin

*Un método sorprendentemente simple
para dejar de sabotearte a ti mismo*

Traducción de Javier RAYA
Ilustraciones de Novle ROGERS

VERGARA

Barcelona · México · Bogotá · Buenos Aires · Caracas
Madrid · Miami · Montevideo · Santiago de Chile

A la memoria de mi madre, Eva;
mi papá, Alex; y mi hermano, Frank;
con amor

AGRADECIMIENTOS

Tanto mi madre, Eva, como mi padre, Al, y mi hermano, Frank, tenían algo interesante entre manos cuando me dieron la bienvenida a este entorno de amor y aceptación del que ellos ya disfrutaban. Me sentí seguro y libre ahí, con ellos, y este hecho de mi existencia me parece básico, de algún modo, para haber desarrollado la perspectiva que ofrece este libro.

Ser capaces de confiar en el amor, la lealtad y la amistad siempre viene bien, en cualquier momento. Esto es especialmente cierto cuando encaras la enfermedad y la muerte de tus seres queridos, el tener que ganarte la vida y la fecha de entrega para una editorial, todo al mismo tiempo. Estoy profundamente agradecido con mi esposa, Leti, y con nuestro hijo, Jonah, el hombre que más admiro.

Nancy Ferguson y yo hemos sido amigos y colegas por muchos años. Ella es una auténtica manifestación de amor y autenticidad, así como un regalo para cada ser humano, gato, o perro que tenga la fortuna de cruzarse en su camino. La ligereza con la que vive la verdad de ser ella misma hace las cosas más fáciles para mí. La amistad de Nancy, su empeño en el trabajo y su apoyo para mí y para lo que tengo que decir son en gran parte el porqué de decirlo.

A Novle Rogers, cuyas ilustraciones embellecen tanto este libro como la edición original de *Cómo domar a tu gremlin*, le ofrezco un saludo de camaradas de West Texas. Su arte tiene corazón.

Mi colega Jane Massengill entró a mi vida telefoneándome hace dos años. Tremenda domadora de gremlins por derecho propio, Jane sueña que cada niño del planeta aprenda a domar gremlins. Si puede hacerse, Jane lo hará. Ella integró el Gremlin Taming Method [Método para domar gremlins] en su propia vida y su trabajo, y su creatividad y apoyo han sido inspiradores para mí. Me alegro de tener a Jane como directora del Gremlin Taming Institute™ [Instituto de Doma de Gremlins][1].

Y quiero agradecer a mi amigo Doug Rucker. Es un hombre sumamente creativo con un extraordinario talento para ver una posibilidad y convertirla en una realidad altamente funcional. Estoy agradecido por la oportunidad de asociarme con Doug, con su socio Jan Deatherage, y su maravillosa y única empresa, R & D Thinktank. Doug apoyó este proyecto y el Instituto de Doma de Gremlins desde el principio, y su contribución ha sido invaluable.

Los maestros enseñan mejor cuando sus estudiantes son entusiastas. La manera en que mis amigos, colegas

---

[1] Hemos traducido los nombres originales del método y del Instituto como «Método para domar gremlins» e «Instituto de Doma de Gremlins» respectivamente, y así aparecerán en adelante. Al Instituto lo transcribimos sin marca de registro, que sí contiene su original en inglés. (N. del E.)

y entrenadores avanzados (Linda Loutre, Vicki James y Shelly Vaughn) han adoptado mi trabajo me conmueve profundamente. Como respetados y poderosos psicoterapeutas, cada uno ha añadido su propio giro especial al Método para domar gremlins, mejorándolo con sus propios regalos y experiencias de vida. Muchos se han beneficiado de sus talentos y muchos más lo harán. Estoy muy orgulloso de conocerlos y la devoción a su arte y a la doma de gremlins me llena de humildad.

Facilitar que los demás resuelvan sus duros conflictos internos es un arte como ningún otro. Mi compañero de oficina y buen amigo, Stan Ferguson, aprecia dicho arte tanto como yo, y nuestras conversaciones nos hacen a cada uno mejores en lo que hacemos. Respeto la agudeza de Stan y disfruto de su humor. Su presencia hace que mi ritmo acelerado sea mucho más tolerable, y mi vida más disfrutable. Por años, Stan me ha animado a hacer un libro de ejercicios de *Cómo domar a tu gremlin*. Aunque este libro que ahora tienes en las manos no es propiamente un libro de ejercicios, la sugerencia de Stan sobre incluir actividades interactivas me decidió a hacerlo. Le agradezco.

Este libro es más efectivo gracias a la colaboración de Toni Sciarra de HarperCollins. Toni se tomó el tiempo de entender lo que yo debo enseñar, y el reto de hacerlo mediante la palabra escrita. Él ha sido un verdadero compañero en este proceso. Trabajar conjuntamente con Toni es un regalo para mí.

Quiero agradecer a mi amiga Kathy Ross por sus honestos comentarios sobre el primer borrador de esta edición revisada, y por ser la maravillosa persona que es. Cómo hace para ir por ahí con su pinta de Hermana María Perfecta, nunca lo sabré.

Sally Anderson, una dama muy especial, se tomó el tiempo de darle a mi manuscrito inacabado una ardua revisión. Sus comentarios fueron precisos y atinados, y los aprecio tanto como a Sally.

Durante los 70 hice tres años de entrenamientos de posgrado en un lugar mágico en el tiempo llamado el Instituto Gestalt de Chicago. Entre los miembros de la talentosa facultad estaban dos personas a quienes guardo gratitud de todo corazón, Claire Ridker y Charlotte Rosner. Ellos fueron practicantes hábiles y maestros; al observarlos aprendí el valor de la autenticidad como la herramienta terapéutica definitiva.

Finalmente y sobre todo, quiero agradecerle a Maharaji por mostrarme el más grande regalo interior, por darme herramientas para conectarme con él y por seguir recordándome que lo haga.

ANTES DE QUE
LEAS ESTE LIBRO

Sɪ ÉSTA ES LA PRIMERA VEZ que lees *Cómo domar a tu gremlin*, me gustaría darte la bienvenida con las mismas palabras que utilicé para presentar el Método para domar gremlins a mis lectores, hace veinte años:

> Este libro no pretende guiarte hacia la iluminación, la felicidad eterna o la riqueza. Sin embargo, te ayudará a disfrutar más de quién eres cada día. Es simple y práctico y espero que leerlo te traiga mucho placer.

Si al llegar aquí ya estabas familiarizado con el libro original, o incluso si has estudiado y practicado la domesticación de gremlins por algún tiempo, creo que estos cambios y adiciones de la nueva edición te llevarán a un nivel más profundo en el uso del método.

Comenzar esta edición revisada y expandida de *Cómo domar a tu gremlin* es como tratar de dar un beso francés a través del teléfono. Había tanto que quería decirte y todo lo que tenía para decirlo eran estas pequeñas palabras, y como todos sabemos, *la palabra no es la cosa, ni la descripción es lo descrito.* La experiencia es la mejor maestra y la experiencia tiene su propio lenguaje; al menos esto es cierto en mi propia experiencia. Esta es la diferencia entre *conocer algo* y realmente *saber.*

Así que no sólo estás a punto de recibir (mucha) información, sino que he incluido muchos más ejercicios interactivos que en el libro original, más oportunidades para que aprendas de tu propio interior. También he añadido más viñetas ilustrativas (algunas de mi propia vida) y he creado distintas oportunidades para que tú mismo revises y reflexiones sobre lo que estás aprendiendo a medida que lo aprendes. Pienso que encontrarás esta edición nueva y revisada increíblemente práctica y aplicable de manera inmediata.

Mucha de la correspondencia que he recibido desde 1983, cuando apareció por primera vez *Cómo domar a tu gremlin,* proviene de personas que han practicado el Método para domar gremlins durante años, no sólo como herramienta práctica para mejorar su experiencia interna día a día, sino también para mantener su equilibrio espiritual en lo que es difícil de manejar y, en ocasiones, durante circunstancias terriblemente difíciles.

Hay un hilo común en sus testimonios, reflejado en estas palabras de un lector: «Cuando tomé por primera vez *Cómo domar a tu gremlin* pensé que sería un pequeño e inofensivo libro de autoayuda. En lugar de eso, encontré una disciplina duradera que ha revolucionado mi vida interna». Muchos han reconocido que *gremlin* es más que una metáfora para los pensamientos negativos y que el Método para domar a los gremlins no es simplemente cosa de escoger los pensamientos positivos en vez de los negativos. En vez de eso, los segundos son la fuente de la mayoría de los conflictos internos y sufrimientos sociales, y los primeros son un proceso elegantemente simplificado que yace en el corazón de la búsqueda por la paz interna.

La domesticación de gremlins es práctica y poderosa. Es un método para enfrentar el desafío interno que es inherente a cualquier actividad, desde escalar el monte Everest hasta tener una buena noche de sueño. Domar a los gremlins, en una frase o en tres, es un proceso grácil para elegir la luz sobre la oscuridad, el bien sobre el mal (y vaya carga que tienen estos términos para la gente), o aún mejor, el amor verdadero que te protege del miedo que podría destruirte. Es un tema jugoso, por decir lo menos, pero que es relevante para tener una vida interna plena y una interdependencia pacífica con los otros. Después de todo estamos juntos en esto. Y aunque pueda sonar como un lugar común, no hay forma de evadir la verdad cruda y simple de que la paz en la tierra empieza, de hecho, en el interior.

Entre nuestro nacimiento y nuestra muerte existe una corriente constante de preciosos momentos que nos han traído, tanto a ti como a mí, desde muy lejos, hasta aquí. Es bueno estar aquí contigo, embarcándonos en otra aventura de domesticación de gremlins.

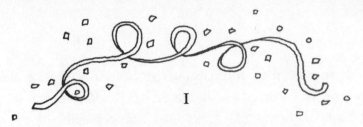

I

LO ESENCIAL

Tú y yo

A HÍ ESTÁS, en medio de tu configuración única de actores y escenografías, pasando a través de estas palabras con tus ojos; y aquí estoy yo, desde otro tiempo y lugar, haciendo mi mejor esfuerzo para entrar en comunión contigo. Estamos sentados aquí, tú y yo, amarrados a nuestros cuerpos, haciendo añicos las restricciones de tiempo y espacio.

«Domarlo», dices. ¡Ja!, ya veremos...

Pero no somos nuestros cuerpos. No lo somos. Nuestros cuerpos son masas de materia en constante cambio. De hecho, si tienes más de 30 años, mientras hablamos tus orejas se están haciendo más grandes, tu nariz se hace más larga y la distancia se reduce entre la base de tus pies y la punta de tu cabeza. Da miedo, pero así es. Los cuerpos cambian. Mi cuerpo lo ha hecho dramáticamente. Con sólo 70 kilos ahora, solía pesar (y esta es la increíble verdad) 3 kilos y medio. Nosotros no somos nuestros cuerpos.

Y no somos nuestras personalidades. Las personalidades son sólo interfaces y comportamientos que emergen desde una matriz de creencias que mantenemos respecto a quiénes somos.

Y no somos nuestras creencias. Las creencias, aun las más nobles, son sólo opiniones a las que les tenemos lealtad, de modo que podemos pretender que el mundo es predecible en alguna medida. Mantenerlas nos ayuda a sentirnos seguros. Irónicamente, algunas veces luchamos para defender nuestras creencias, creando algo que no se parece nada a una situación segura.

Así que no somos nuestras creencias; no somos nuestras personalidades; no somos nuestros cuerpos. Y no somos nuestros pensamientos. Tenemos pensamientos. Pensamientos positivos y negativos. Pensamientos sobre el pasado y pensamientos sobre el futuro. Pensamientos aburridos y pensamientos extraños. Pero no somos nuestros pensamientos.

Entonces, ¿qué de esta cosa eres realmente? ¿Esta cosa que tiene un cuerpo, una personalidad, unas creencias y pensamientos, pero que no es ninguno de los anteriores?

Ha tenido cientos de nombres: *alma, espíritu, praná, chi, ki, Dios,* la *vibración primordial,* por mencionar sólo unos cuantos. No importa cómo lo llamemos porque ningún nombre puede definirlo. Existió antes de la palabra. Yo me refiero a ello en ocasiones como *amor verdadero.* Pero para nuestros propósitos, aquí y ahora, llamémoslo *vida.* Tu vida. Tu propia vida, vibrando dentro de ti en este momento.

Tu vida

Es tu vida. No es la vida de tu madre ni la vida de tu padre, ni de tu esposo o esposa, ni de tu empleador ni de tus hijos. Es tu vida. Tu propia vida. Un regalo para ti que proviene directamente del creador de todo este asunto. Es el regalo más grande que jamás recibirás y ya lo recibiste.

Y si esto no fuera suficiente para llenarte de orgullo y satisfacción, considéralo un bono. No sólo recibiste una vida propia sino, simplemente por llegar al planeta como un ser humano, también recibiste la conciencia para apreciar el regalo de tu vida y para responder a ella de cualquier manera que desees, momento a momento y día a día. Tu habilidad para responder por tu vida se conoce como *habilidad de respuesta.* Pero no siempre es fácil responder grácilmente a esta vida, en gran parte a causa de un provocador vil, feroz, malvado e insufrible, que acecha en la oscuridad de tu propia mente: tu gremlin.

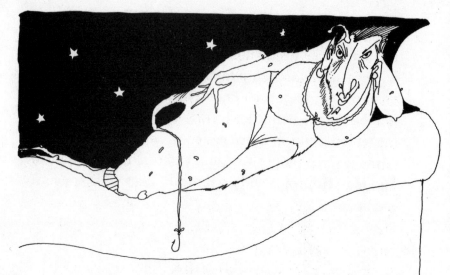

Tu gremlin

Tú ya tienes alguna noción de tu gremlin, aunque tal vez nunca hayas enfocado tu atención en él o nunca lo hayas etiquetado. Tu gremlin es el narrador en tu cabeza. Te ha influenciado desde que llegaste a este mundo, y te acompaña a través de toda tu existencia. Está contigo cuando te levantas en la mañana y cuando te vas a dormir por la noche. Él te dice quién y cómo eres y define e interpreta todas tus experiencias. Quiere que aceptes sus interpretaciones como la realidad y su meta, a cada momento, día con día, es oponerse a tu yo interno, natural y vibrante.

No podría estar seguro de los factores que contribuyeron a la construcción de tu gremlin particular. Sin embargo, estoy seguro de que él usa algo de tus experiencias del pasado de modo que formes y vivas tu vida hipnotizado, siguiendo generalizaciones limitantes y en ocasiones aterradoras acerca de ti mismo y de lo que la existencia te depara.

Tu gremlin quiere que te sientas mal; y consigue llevar a cabo su malévola intención a través de sofisticadas maniobras, de las cuales hablaremos después, y también al convencerte de perder tu tiempo reviviendo el pasado, preocupándote por el futuro y analizando las relaciones entre todo tipo de personas y cosas. Tu gremlin quiere hacerte creer que tiene las mejores intenciones en su corazón, y que su propósito primordial es servirte y protegerte. Sus razones son, de hecho, mucho menos honorables. Su intención es hacerte miserable.

Las precauciones de tu gremlin sobre la vida y cómo vivirla son exorbitantes y sus métodos de control son demasiado entusiastas. Él no es simplemente tu crítico interno o una mera parte de tu maquillaje psicológico. Tu gremlin no son tus pensamientos negativos: es el origen de ellos. Él no es tus experiencias *no tan positivas* del pasado: él las usa. Él no es tus miedos: él se burla de ti con ellos creando una película de horror sobre tu futuro, la cual a veces te sientas a ver.

Él es tu gremlin y su personalidad, como sus ruines intenciones, son muy particulares. Una cosa es segura: a medida que comiences *simplemente a prestarle atención* a tu gremlin, sentirás agudamente el hecho de que tú no eres él, sino su observador. Verás claramente que tu gremlin no ejerce ningún control sobre ti. Mientras esta conciencia se desarrolla, comenzarás a apreciar y disfrutar tu vida más y más. Es para ti, para el observador, que este libro fue escrito.

El tú natural (el observador)

Como dije, tu cuerpo cambiará a lo largo de tu vida. Y también tu personalidad. Y del mismo modo tus opciones, tus preferencias, tu ir por la vida y los distintos roles que juegas. El *tú natural* es el que está dentro de esa milagrosa conformación de materia desde la cual observas ahora. Mi *yo natural* está dentro de mi propio cuerpo, el cual en estos momentos sostiene un bolígrafo. Desde dentro de esta escultura que envejece, hecha de cabello, ojos, dientes y extremidades, el *yo natural* escribe las palabras «Hola ahí dentro».

Acabas de dejar entrar por tus ojos las palabras «Hola ahí dentro».

El *tú natural* entiende la esencia de mis palabras. Tu mente está ocupada tratando de hallarles sentido. Tu gremlin, mientras tanto, hace rechinar sus colmillos y dice entre dientes «¡Esto es ridículo!». Se siente amenazado con nuestra relación y aún más por esas palabras que impedirán que confíes en él en vez de confiar en las experiencias y observaciones no tóxicas de tu verdadero *tú natural*.

Tu gremlin sabe que en el tiempo en que eras un novato poco sofisticado y torpe en este juego de la vida, el *tú natural* aprendió complejas tareas como caminar y hablar, e hizo eso sin tener ningún conocimiento de física ni quinesiología. Tu gremlin sabe que tu propio *tú natural* es sabio, prístinamente puro y afilado como una tachuela, y que el *tú natural* tiene la llave de tu felicidad. Para seducirte y hacer que sigas confiando en él, tu gremlin tratará que diseques y analices el significado de estas palabras. Si le prestas atención y obedeces, podrías aburrirte o confundirte. No hay gran problema si esto pasa. La confusión es solamente la reacción de tu cerebro ante la orden del gremlin de que todo lo que leas se integre en las nociones preconcebidas de tu cerebro *acerca* de lo que lees. Tu gremlin quiere que te sientas con sospechas, ansioso, sin esperanza, y finalmente vacío.

El *tú natural*, por otra parte, es el origen de la sencilla satisfacción. También conocido con el nombre del *observador*, el *tú natural* es un profesional en adquirir sabiduría y eliminar basura.

Probablemente en este momento tu gremlin esté a punto de ponerse salvaje. El único propósito de tu gremlin es impedirte encontrar los placeres simples dentro de ti mismo, y el trabajo de él (o ella) es mucho más sencillo cuando puede esconderse lejos de tu conciencia y atención. Odia que lo estemos denunciando. Escucha su parloteo, pero no te lo tomes muy en serio. Podría decir cosas como:

**Tienes cosas más importantes que
hacer. Ocúpate en algo,**

o

Solamente te vas a dar falsas esperanzas
y luego a decepcionarte. Nada va a
cambiar, y tú menos que nada, iluso,

o

¡Tonterías! No necesitas otro libro de autoayuda
como no necesitas un agujero en la cabeza.

Bueno, pues se equivoca. De nuevo, escucha su parloteo pero no te lo tomes muy en serio. Simplemente nótalo. Entonces elije dirigir tu atención de vuelta hacia estas palabras, o de vuelta a tu gremlin o hacia otro lugar. *Atención* y *elección* son los elementos primarios de *notarlo*.

Simplemente notarlo

El *simplemente* de *simplemente notarlo* no debe pasarse por alto. El *simplemente notarlo* no tiene nada que ver con predecir el futuro, deshacer el pasado, ni con analizar o entender intelectualmente algo. *Simplemente notarlo* implica que *simplemente lo notes*. Esto es, que prestes atención: el mismo tipo de atención que le prestarías a una buena película. Cuando miras una película que te gusta te permites a ti mismo entretenerte con ella. No es tu trabajo disfrutar la película. Tú simplemente pones atención a la pantalla y dejas que la película haga lo suyo. De la misma manera, si estás hablando con la persona a tu lado durante la película o te embrollas en cualquier otra actividad mental, dejas de ver la película. *Simplemente notarlo* requiere esfuerzo, pero no requiere presión.

Esfuerzo y presión

Jimmy Baker estaba en mi equipo de fútbol americano cuando estábamos en quinto grado en la Escuela Primaria de Overton, en Lubbock, Texas. Éramos los Toros de Overton. Nuestro entrenador, el señor Tyrell, sabía que las claves para convertir a los Toros de Overton en un equipo ganador eran la velocidad y la inspiración. Él trató de asegurar esto último llamándonos «hombres», dejando que nos pusiéramos tinta negra bajo los ojos y diciéndonos a diario que «Lo que importa no es el tamaño del perro en la pelea, sino el tamaño de la pelea dentro del perro». Jimmy Baker y yo teníamos una fe total en el entrenador Tyrell (aunque nuestra fe tuvo una ligera recaída el día que nuestro entrenador vociferó «¡Muy bien, hombres, hagan parejas de tres!»).

Para hacer que nos moviéramos a la velocidad de la luz, el entrenador Tyrell solía gritar un simple «¡Vamos!» y mover su brazo derecho sobre su cabeza de forma circular. Con esta indicación de su parte nosotros gritábamos «¡Toros, Toros, Toros!» y comenzábamos a correr alrededor del campo de fútbol. Hicimos esto casi cada día de la temporada y, milagrosamente, la mayoría de nosotros nos hicimos más veloces. Cada uno de nosotros desarrolló su propio método de correr. Yo aprendí a correr sobre la parte frontal de mis pies, y Lee Jason, nuestro rápido y enérgico mariscal de campo, relajaba los puños mientras corría, poniendo sus dedos como en posición de karate. Decía que le ayudaba a cortar el aire. La técnica de Jimmy Baker para volverse un bólido era pisar rápida y fuertemente el suelo mientras corría.

La intensidad de los pisotones de Jimmy aumentó en proporción directa a su siempre creciente deseo de correr más rápido. Sopló, resopló y sudó con impávido fervor. Su deseo inspiraba, pero su velocidad se mantuvo deplorable. Mientras más fuerte pisaba Jimmy, más lento se volvía. Haber sido testigo de la frustración de Jimmy, y de otros tantos desde entonces, me hace estar seguro, tan seguro como de que estoy sentado aquí, de que uno no puede correr más rápido pisando el suelo más fuertemente. Sin duda, hay ocasiones en que hacerse de agallas es útil, pero en cualquier caso, el esfuerzo dominado por la tensión es malo para tu salud y disposición, y no te ayudará a hacer un trabajo más rápido o mejor.

Ésa es la diferencia entre esfuerzo y presión. En lo que se refiere a *simplemente notarlo*, y en última instancia en domar a tu gremlin, la primera aplica y la segunda impide. El tipo de esfuerzo dedicado a *simplemente notarlo* será de ayuda justo aquí y ahora, en nuestra relación; la tuya con la mía.

A medida que lees, confía en que el *tú natural* dentro de ese cuerpo tuyo (aquél que está detrás de tus conceptos y nociones preconcebidas, aquél más profundo que tu personalidad e identidad) *simplemente note* estas palabras. No necesitas tratar de entender nada. *Simplemente nota* y elije leer más o detenerte un momento. Ambas opciones están bien. En cuanto a mí, estoy aquí para el resto del camino y lo que tengo que ofrecerte está aquí para disfrutarlo como quieras. En otras palabras, en lo que respecta a nuestra relación, tu parte consiste en venir, relajarte y prestar un poco de atención. Mi parte es esperar aquí y apartarte un lugar.

Pero *simplemente notarlo* tiene beneficios más allá de nuestra relación. *Simplemente notarlo* es el increíblemente potente primer paso para el Método para domar gremlins. A medida que lo afines, serás capaz de observar no solamente lo que pasa a tu alrededor, sino también tus propios pensamientos, emociones, memorias y fantasías en el momento preciso en que ocurren. Al hacerlo pondrás en juego un proceso poderoso, antiguo e infalible, a veces llamado Teoría zen del cambio.

La teoría zen del cambio

Ésta es mi versión de la teoría:

No me libero al tratar de ser libre, sino al
simplemente notar cómo me aprisiono a mí
mismo en el momento en que me aprisiono.

Ha sido dicho de muchas maneras por muchas personas. Hace más de 2500 años, Lao Tzu pinceló con símbolos e imágenes el *Tao Te Ching*, que incluía esta nutrida joya:

> **Simplemente nota el orden natural de las cosas.**
> **Trabaja con él en lugar de en su contra. Porque tratar**
> **de cambiar lo que es, sólo refuerza la resistencia.**

Lao Tzu era un chico listo.

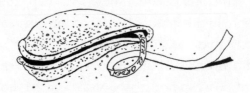

Tratar de entender

Espero que no trates de entender el punto esencial de lo que digo. El *tratar* o *entender* es invitar a tu gremlin a nuestra relación. Dos es compañía y tres es multitud, especialmente si el tercero es un gremlin. Además, lo que tengo que decirte no es asunto suyo. En lugar de *tratar* o *entender*, simplemente relájate y respira cómodamente, simplemente notando lo que estás leyendo. Si te aburres, te confundes, te sientes bombardeado, distraído o atontado, sólo detente un momento.

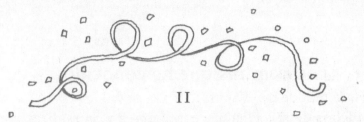

II

MÁS SOBRE GREMLINS

LOS GREMLINS SON MUY SOFISTICADOS y han desarrollado elaboradas maneras de bloquear el alma natural, emocionada y vibrante dentro de cada uno de nosotros. A medida que incrementes tu conciencia sobre tu propio gremlin, incluso podrías experimentar algo de admiración por su creatividad. Mi elección para usar un pronombre masculino al referirme a los gremlins en general surge de mi íntima (que no precisamente disfrutable) relación con mi propio gremlin, quien la mayoría de las veces se presenta a sí mismo como del género masculino. Digo «la mayoría de las veces» porque los gremlins cambian no sólo de género sino completamente de personalidad, de un momento a otro y de una situación a otra.

Tu gremlin puede aparecer como tu mejor amigo y consejero, o como tu enemigo más grande y con las peores intenciones. Sin importar su apariencia, debe ser vigilado. Si se le deja hacer lo que quiera, te hará miserable. Tal vez te conceda alegrías ocasionales, pero con mayor frecuencia te llevará a períodos de intensa ansiedad, tristeza, ira y eventualmente, una sensación de vacío.

Gremlins que he conocido

Muchos de mis clientes, estudiantes y aprendices han conocido a sus gremlins tan bien que han desarrollado habilidades para visualizarlos. Me dicen que esto ha sido de ayuda para domar a sus gremlins.

Algunos de los gremlins que mis clientes me han presentado están descritos abajo. El tuyo podría parecerse a alguno o a todos ellos, pero te aseguro que su estilo para volverte miserable será único. Después de todo, te ha conocido durante años y ha desarrollado sofisticadas maniobras para apalear al tú natural que llevas dentro.

Los gremlins son mucho más complicados que lo que indican estos pocos ejemplos. Aquellos que he conocido han tenido un impresionante repertorio de métodos para engendrar miseria. Cada uno, sin embargo, parece tener una estrategia preferida.

El General

Cuando conocí a Jack, él tenía 32 años. Era un abogado financieramente exitoso cuyas batallas con su gremlin lo habían condenado a una serie de dolencias y síntomas

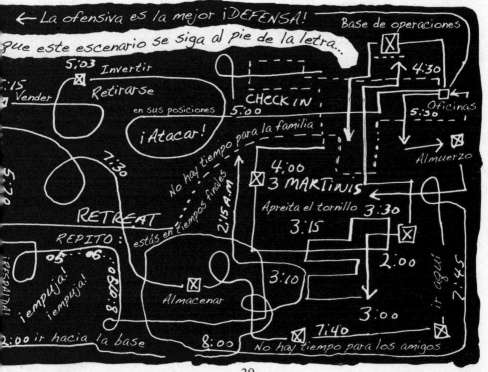

relacionados con el estrés. Él describía a su gremlin como pequeño, rechoncho, calvo, de espalda recta y con uniforme militar. Insistía en guiar la vida de Jack de acuerdo a un complejo esquema de reglas, regulaciones, *podrías* y *deberías*. Convenció claramente a Jack de que si no fuera por sus consejos, Jack sería un mocoso tonto e inútil. Jack tenía grandes bíceps, una cinta negra en karate y era incapaz de tener una erección.

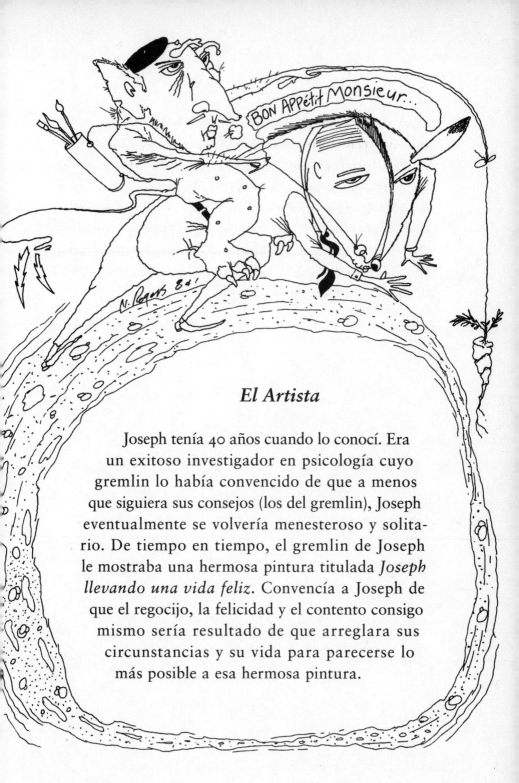

Bon Appétit Monsieur...

El Artista

Joseph tenía 40 años cuando lo conocí. Era
un exitoso investigador en psicología cuyo
gremlin lo había convencido de que a menos
que siguiera sus consejos (los del gremlin), Joseph
eventualmente se volvería menesteroso y solita-
rio. De tiempo en tiempo, el gremlin de Joseph
le mostraba una hermosa pintura titulada *Joseph
llevando una vida feliz*. Convencía a Joseph de
que el regocijo, la felicidad y el contento consigo
mismo sería resultado de que arreglara sus
circunstancias y su vida para parecerse lo
más posible a esa hermosa pintura.

A medida que Joseph comenzó a *simplemente notar* al Artista, también notó que éste alteraba continuamente la composición de la hermosa pintura. Después se dio cuenta de que el Artista usualmente modificaba la pintura cada vez que Joseph hacía que su vida se pareciera más a la pintura. Esto hizo sentir a Joseph como el proverbial caballo que sigue la zanahoria. Cuando Joseph llegó a mí estaba realizando su tercera residencia posdoctoral en psicología y pensaba en el suicidio.

El Hulk

Peter es un pediatra reconocido por sus colegas como excepcionalmente bueno. Él llama a su gremlin *el Hulk*. El Hulk mide entre 2.5 y 3 metros, pesa entre 230 y 250 kilos, y tiene una presencia amorfa que Peter es incapaz de ver claramente.

El Hulk vigila a Peter desde las sombras y se interpone en su atención, sobre todo en situaciones interpersonales. Durante años, cuando Peter sentía el más ligero grado de enojo, el Hulk saltaba desde las sombras y, con su poderoso brazo derecho, tomaba a Peter del cuello y lo amenazaba para que permaneciera «sentado y callado». Peter temía tanto al Hulk que casi nunca se permitía mostrar enojo o, incluso cuando era apropiada, *firmeza* (la cual él confundía con *agresión*.) En el exterior, Peter parecía un tipo bueno y amable. En el interior estaba tenso y era miserable.

El Presumido

La última vez que vi a mi gremlin fue hace unos dos minutos. Un hombre grande, de sesenta y tantos, parece un millonario radiante: vestía un traje negro, un anillo de diamante en el meñique, fumando un enorme habano. Su tema de hoy era algo como «Eres un don nadie, chico». Pontificaba con gran confianza sobre cómo HarperCollins relegaría este libro a un almacén y en una semana o dos respondería a mis dudas con algo como «¿Rick quién? ¿gremlins qué?». Incluía algunas exquisiteces sobre la edad, ciertas tácticas atemorizantes como «Es ahora o nunca», y algo acerca de morirse de hambre y no valer nada. Cuando lo traje a la luz para simplemente notarlo, se encogió y se convirtió en un tipo gordo, llorón y rechoncho usando un pañal.

Sin duda, no soy ningún maestro de la doma de gremlins, pero soy un estudiante dedicado y lo he sido desde que desarrollé este proceso hace casi 30 años. Una cosa que puedo atestiguar completamente es que el método no solamente funciona, sino que es progresivo. En otras palabras, a medida que practiques notarás que te irás volviendo mejor y mejor al usarlo bajo circunstancias más y más duras, así como para aplicarlo de modo más fácil y eficaz. Simplemente notarlo es sólo la primera herramienta de un proceso en tres etapas, pero es un arma poderosa que utilizarás con mayor firmeza y habilidad a través de la práctica. El potencial, literalmente, no tiene límites.

Cada vez que sorprendas y domes a tu gremlin, el tú natural saldrá y tomará el control. Comenzarás a aprender de manera no sólo cognitiva, sino experiencial, el poder del proceso para domar gremlins y del tú natural. Como resultado, desarrollarás una profunda confianza en ti mismo y en tus habilidades para domar gremlins.

Tu gremlin no se rendirá al tratar de atraparte. Es su trabajo. Pero tendrás tanta confianza en tu habilidad para domarlo que incluso un asalto a toda marcha parecerá inconsecuente y apenas merecedor de tu atención. Así que practica.

El entrenador Don Ledup

Dale era un exitoso vendedor de software cuando lo conocí. Él era extremadamente guapo, un tipo trabajador y con bastante dinero (gracias a su trabajo duro). Cuando hicimos contacto, trabajaba tan duro y se movía tan rápido que me sorprendió que pudiera hallar tiempo para poner tantas cosas en su boca. Dale fumaba dos paquetes de cigarrillos cada día, se tomaba dos o tres martinis en la comida y muchos cocteles más cada tarde. Cuando le dije a Dale que no le sería permitido fumar durante nuestro tiempo juntos, su gremlin levantó su cabeza con furia. Esto nos dio la

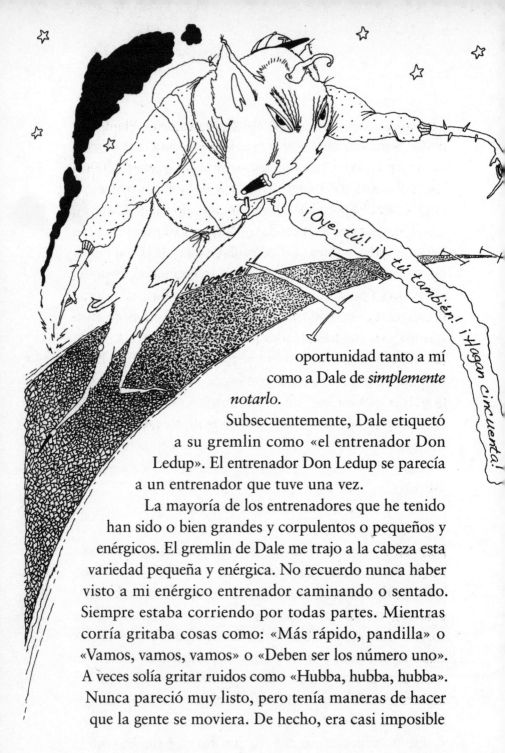

¡Oye, tú! ¡Y tú también! ¡Hagan cincuenta!

oportunidad tanto a mí como a Dale de *simplemente notarlo*.

Subsecuentemente, Dale etiquetó a su gremlin como «el entrenador Don Ledup». El entrenador Don Ledup se parecía a un entrenador que tuve una vez.

La mayoría de los entrenadores que he tenido han sido o bien grandes y corpulentos o pequeños y enérgicos. El gremlin de Dale me trajo a la cabeza esta variedad pequeña y enérgica. No recuerdo nunca haber visto a mi enérgico entrenador caminando o sentado. Siempre estaba corriendo por todas partes. Mientras corría gritaba cosas como: «Más rápido, pandilla» o «Vamos, vamos, vamos» o «Deben ser los número uno». A veces solía gritar ruidos como «Hubba, hubba, hubba». Nunca pareció muy listo, pero tenía maneras de hacer que la gente se moviera. De hecho, era casi imposible permanecer inmóvil cuando estabas cerca de él. El gremlin de Dale era muy parecido a este entrenador.

Dale vio al entrenador Don Ledup con un silbato colgando de su cuello, bajito, delgado y fuerte y no tan rápido como veloz. Usaba el mismo tipo de palabras que mi enérgico entrenador usaba, con énfasis en «¡Sé el número uno!». Durante años, había convencido a Dale de que el mundo era una carrera y que Dale debía ganarla a toda costa. Dale estaba tan ocupado corriendo la carrera que nunca se tomó el tiempo de experimentar el mundo por sí mismo. Su entrenador gastaba tanto tiempo gritándole con su voz rápida y fuerte que Dale rara vez observaba lo que ocurría a su alrededor. Él simplemente le tomaba la palabra a su entrenador sobre estar a la mitad de una carrera que necesitaba ganar, así que seguía corriendo. En algún punto del proceso aprendió a beber alcohol y fumar cigarrillos, y tendía a hacer estas cosas con el mismo fervor con el que corría la carrera.

Uno de los mitos que el entrenador de Dale perpetuaba era que existía una correlación positiva entre sentirse apresurado y conservar el estatus monetario que deseaba. Él convenció a Dale de que para moverse a un paso productivo y eficiente en su trabajo, debía sentirse veloz y de algún modo frenético en el interior.

Sexo, sexo, sexo, sexo, taaa taa taaa

El reverendo Aguafiestas

Lucille tenía 35 años cuando la conocí por primera vez. Su gremlin se parecía mucho a su abuelo, sólo que usaba un atuendo clerical y la hacía obedecerlo dándole sermones. Le gustaba especialmente aparecer cuando Lucille estaba en una relación íntima que tenía el potencial de volverse sexual.

Hasta que Lucille comenzó a domar a su gremlin no sólo siguió siendo buena y correcta, sino también emocionalmente aislada e incapaz de disfrutar la intimidad sexual.

Baba Rub Adub

El gremlin de Michael era anciano. Tenía pelo largo y barba, túnica blanca, sentado en posición de loto. Frecuentemente le recordaba a Michael de su falta de méritos y lo presionaba para buscar «mayor conciencia» en nombre de la espiritualidad». Dejó claro para Michael que el tener cosas lindas era materialista y que el materialismo lo alejaba del camino de la espiritualidad, y que no ser espiritual era algo muy malo. Según Baba Rub Adub, tener sólo lo necesario era espiritual, y lo espiritual era bueno. En una de nuestras sesiones iniciales, Michael me hizo saber sin lugar a dudas que no compraba el mito aquél de «Más es mejor». (Excepto, claro, que mayor pobreza aparentemente era infinitamente superior a menos pobreza).

El gremlin de Michael lo había atrapado en el peor tipo de materialismo: *materialismo espiritual*. Pienso que los gremlins que inspiran este estilo de vida están entre los más ruines de todos, porque guían falsamente a las almas en las que trabajan hacia los accesorios de la espiritualidad en lugar de hacerlos buscar la verdad en sí mismos. El *materialismo espiritual* no es diferente de lo que conocemos comúnmente como *materialismo*. Diferente versión, misma trampa.

La Parca

Dorothy tenía 34 años cuando nuestros caminos se encontraron. Estaba casada y era madre de tres niños. Su estilo de vida recordaba a una versión modificada de una serie de televisión de los años 50. Su situación de vida les parecía a los demás casi exactamente como ella pretendía. Cuando conocí a Dorothy ella pasaba su tiempo llevando a los niños a la escuela, limpiando la casa, yendo al supermercado, mirando televisión y sufriendo constantemente dolores emocionales casi intolerables.

He conocido a mucha gente con gremlins similares al de Dorothy. Es extraño pero cierto que existe un vasto número de personas alrededor del planeta que creen que sentirse confusos, desanimados, agobiados, caídos o muertos de miedo es una manera natural de ser. Para algunas personas, este es el único estilo de existir que conocen. Este era el caso de Dorothy.

Tener problemas y estar preocupada era la manera de vivir de Dorothy. En cierto sentido eran su diversión. Ella gastaba mucho tiempo en un mundo de apariencias, analizando situaciones, temiendo al futuro y lamentando el pasado. Aunque estaba muy lejos de sentirse bien, en algún nivel se sentía cómoda. Preocuparse la mantenía ocupada y le permitía evitar hacer contacto con el mundo real, pues es imposible perderse en preocupaciones sobre el futuro y/o el pasado y relacionarse completamente con el mundo real al mismo tiempo.

Algunos de los agonizantes emocionales que he conocido incluso usaban el sufrimiento como base de sus relaciones (no confundir con amistades.) He conocido personas cuyas relaciones con otros se basaban completamente en el hecho de ayudarse el uno al otro con cualquier tipo de preocupaciones que el otro tuviera en mente. La Parca de Dorothy perpetuaba la noción de que el sufrimiento no sólo era natural sino noble. En algunas ocasiones él la atraía con la promesa de que el sufrimiento en el presente la llevaría a la felicidad en una fecha posterior. Para Dorothy, elegir algo que no fuera sufrir emocionalmente era muy difícil.

Como muchas personas relacionadas con la Parca y similares, Dorothy no era consciente de su hábito de sufrir. Estaba, como se dice, inmersa. No se daba cuenta de que podía controlar cómo se sentía o que tenía la habilidad de elegir disfrutarse a sí misma y a su vida. Los gremlins con la forma de la Parca son malvados y tenaces. Pero pueden, sin embargo, ser domados.

Pequeña señorita Qué-demonios

Katrina es una poderosa abogada de alto nivel de 50 años. Llegó a mí diciendo que quería «tener control sobre su vida». El síntoma que le preocupaba más era comer demasiado, sobre todo dulces. Me explicó que durante semanas había sido admirablemente disciplinada, pero (pienso que probablemente porque era humana) en alguna ocasión era menos que perfecta y consentía sus papilas gustativas con un bocadillo de algo «azucarado y empalagoso». Cuando lo hacía, sin embargo, su gremlin, una pícara coqueta usando medias de red y un vestido rojo con un escote tan grande como la deuda nacional, salía de las sombras para decir «Oh, qué demonios», al tiempo que las compresas de la disciplina se desbordaban haciendo caer a Katrina de cabeza en una orgía de postres sin límite.

No habiendo aún terminado esto, la misma pequeña señorita Qué-demonios que había iniciado la barbarie de comida volvía a la carga con esta frase: «Lo hiciste otra vez. Nunca cambiarás».

Este ciclo se ha repetido durante casi todos los 50 años de Katrina; hasta que comenzó a dar testimonio de su gremlin. Ahora tiene cierto sentido del humor sobre la señorita Qué-demonios, y afirma que incluso ha aprendido de ella una o dos cosas acerca de emocionarse y divertirse escandalosamente de vez en cuando. Pero Katrina ha perdido 10 kilogramos en los últimos tres meses, come dulces ocasionalmente y me dice que toda su experiencia respecto a la comida y su cuerpo no está cargada de la angustia que siempre conoció.

Mitos de los gremlins

De los gremlins que has conocido hasta ahora, puede que hayas notado que éstos tienden a perpetuar mitos acerca de la gente, la vida y la naturaleza del universo. Con frecuencia los mitos que utilizan para nublar nuestra experiencia pura han estado ahí durante tanto tiempo y son de tal forma integrales en nuestra vida que no nos damos cuenta de ellos.

Para que puedas sensibilizarte a algunos de los mitos de tu propio gremlin, he listado debajo algunos de los mitos más comunes e hipnóticos utilizados por los gremlins que he conocido:

- El tú natural no puede ser amado o aceptado.
- Mostrar tristeza es ser débil, infantil, poco confiable o dependiente.
- El sufrimiento es noble.
- Rápido es bueno; lento es malo.
- Las chicas buenas no disfrutan el sexo.
- Las chicas buenas ciertamente no demuestran que disfrutan el sexo.
- Mostrar enojo es estar fuera de control, ser infantil, poco profesional y/o pecaminoso.
- Expresar alegría sin censura es tonto o poco profesional.
- No reconocer o no expresar emociones hará que estas se vayan.
- No hacerse cargo de asuntos sin resolver los hará esfumarse.

- Los hombres son mejores líderes que las mujeres.
- Más es mejor.
- Menos es mejor.
- La preocupación tiene valor.
- La ansiedad tiene valor.
- La culpa tiene valor.
- Las filosofías y religiones orientales son más verdaderas en el fondo que las filosofías y religiones occidentales.
- Las filosofías y religiones occidentales son más verdaderas en el fondo que las filosofías y religiones orientales.
- Algún día te harás cargo de tu vida.
- La tensión que anticipa el dolor aminora su impacto.
- _____
- _____
- _____
- _____

Notarás que he dejado algunos espacios en blanco más arriba. Lo hice porque estoy seguro de que a medida que te vuelvas más y más astuto en simplemente notar a tu propio gremlin, te darás cuenta de algunos de los mitos que usa para arruinar tu felicidad. Algunos podrían ser obvios para ti desde ahora. Si es así, tal vez quieras colocarlos en los espacios en blanco. También me encantaría que los compartieras conmigo. Hay una forma de hacerlo en la página web del Instituto de Doma de Gremlins que, como sabrás, es <www.tamingyourgremlin.com>.

Algunas palabras sobre el Método para domar gremlins

Domar a tu gremlin es un sencillo (no lo confundas con fácil) proceso. Domar a tu gremlin puede ser un proceso disfrutable. Domar a tu gremlin toma práctica y persistencia. Domar a tu gremlin requiere el tipo de esfuerzo implicado en palabras como *permitir* y *dejar*, no el de palabras como *tratar* y *esforzarse*.

Hay tres procesos básicos implicados en la doma de tu gremlin. Estos son:

Simplemente notarlo.

Escoger y jugar con opciones.

Estar en proceso.

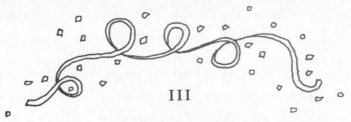

III

MÁS SOBRE
SIMPLEMENTE NOTARLO

Simplemente notarlo es estar consciente, es prestar atención. *Simplemente notarlo* no tiene nada que ver con preguntarte a ti mismo por qué eres del modo en que eres, aunque estas respuestas podrían volverse obvias a medida que aprendas a simplemente notar cómo es ser tú.

Al domar a tu gremlin es importante *simplemente notar* cómo eres; no *por qué* eres como eres, sino *cómo* eres. *Pensar acerca de* y *simplemente notarlo* son procesos muy diferentes.

Pensar acerca de es la actividad preferida de tu gremlin. Es su manera de mantenerte alejado del tú natural: el observador.

Simplemente notarlo, por otro lado, es lo que pasa cuando experimentas al tú natural y tus alrededores *sin* la participación de tu gremlin.

Pensar acerca de es, por supuesto, benéfico y emocionante la mayor parte del tiempo. Aunque ciertamente no eres sólo tus pensamientos, serías un fastidio sin ellos. Pero cuando se trata de domar a tu gremlin, *simplemente notarlo* es más eficiente y efectivo que *pensar acerca de* él.

Simplemente notarlo es el primer y más importante paso en el Método para domar a tu gremlin. Tu herramienta para *simplemente notarlo* es tu atención.

Ámbitos de la atención

La atención es una herramienta. En cualquier momento puedes elegir enfocar tu atención en cualquiera de estos tres ámbitos:

Tu cuerpo,

o

el mundo a tu alrededor,

o

el mundo de tu mente.

Cuando diriges tu atención hacia *tu cuerpo* o hacia *el mundo a tu alrededor* a través de tus receptores sensoriales, te plantas en el *aquí* y en el *ahora*. Cuando, sin embargo, enfocas tu atención en tus pensamientos, fantasías, ideas y memoria, te has enredado en el *mundo de tu mente*.

En el mundo de la mente puedes pasar el tiempo reviviendo el pasado, ensayando para el futuro, dándole sentido a lo que notas sobre tu cuerpo o sobre el mundo a tu alrededor, o simplemente entreteniéndote á ti mismo. Residir en el mundo de la mente no es ni bueno ni malo. Muchas veces es productivo aprender del pasado o planear para el futuro. La fantasía puede ser muy entretenida y ciertamente es necesaria para que aparezca la creatividad. Sin embargo, para llevar una vida rica y plena, y para domar a tu gremlin y vivir en el tú natural, es de mucha ayuda ser consciente del flujo de tu conciencia desde tu cuerpo hacia el mundo a tu alrededor y hacia el mundo de tu mente.

A cada momento eres un devoto. A cada momento ofreces tu vida a algo. Lo haces a través de tu atención.

Tu atención es un foco de luz montado sobre el momento presente. Desde su base en este momento que llamamos *ahora*, tú la estás dirigiendo. Puedes hacer que alumbre estas palabras, o lo que pasa alrededor tuyo o lo que pasa dentro de ti. Puedes enviarla al pasado a través del don de la memoria, o puedes asustar o iluminar tu psique al imaginar el futuro. Puedes dejar que tu atención se mueva sin objetivo a través de las divagaciones de tu mente y usar tu mente para analizar, castigar o exagerar.

Puedes enfocar tu atención con la precisión de un láser o hacerla más amplia, cubriendo una serie de hechos de tu experiencia, fantasías o sucesos. Puedes desplazar tu atención suavemente de las posibilidades hacia las personas o dejarla revolotear de un aspecto a otro de tu experiencia. A cada momento, consciente o inconscientemente, estás eligiendo. Es tu elección. Es tu vida. Tu atención puede dirigirte o tú puedes dirigirla a ella. Y esa elección está contigo *aquí* y *ahora*.

Con relación a tu foco de atención, puedes ser el conductor o el copiloto, la víctima o el participante, el peón o el jugador. Tú eliges. No de una vez y para siempre, sino a cada momento de tu preciosa vida; la vida que grita a través de ti y en cada momento de tu existencia. Maximizar la riqueza de la experiencia de tu propia vida es hacerte cargo de tu foco de atención justo aquí, justo ahora.

Enfocar conscientemente tu atención requiere esfuerzo. No requiere presión. Guiar conscientemente tu foco de atención desde su base en el *aquí* y el *ahora* es un proceso delicado. Y es un placer.

Conscientemente es una palabra clave aquí. Has estado dejando brillar ese foco por todas partes durante años, y en ocasiones lo has hecho conscientemente. Pero si fueras más consciente y afinaras tu atención, imagina las posibilidades. Imagina cómo te sentirías.

Hacerte cargo de tu foco de atención es estar dispuesto a experimentar completamente tu propia existencia, incluyendo tus propios pensamientos y emociones del mundo, sin la contaminación de la cháchara de tu gremlin y sin el filtro de las nociones preconcebidas ni de las ideas de otras personas. Se trata de confiar en tus propios sentidos durante el momento presente. Se trata de tener el valor de reconocer que tu vida es un regalo de tiempo limitado que se te ha dado a ti directamente y tratarlo como tal con cada decisión que tomes. Se trata de perfeccionar tu propia *capacidad de respuesta*. Se trata de cuidarte, con tu vida y con tu atención.

Tu gremlin levantará objeciones contra estas simples verdades. Podría estarlo haciendo en este mismo momento. Quiere que te sientas confundido y lejos de ser vibrante y vivo, así que puede hacer un escándalo, patalear o gritar, o atacarte con un sermón largo para distraerte. Nota su cháchara. Incluso podrías tener algo de aprecio por su persistencia y creatividad. Después de todo, él ha estado contigo desde tus primeros años y ha desarrollado sus métodos basándose en su amplio conocimiento de ti y tus vulnerabilidades particulares. Está determinado a hipnotizarte y hacerte creer que la vida es compleja, difícil y a veces incluso dolorosa. Y es un devoto de tiempo completo de su propósito. Nota su cháchara, pero hazlo sin tomártela demasiado en serio.

A veces, cuando no dirigimos conscientemente nuestro foco de atención nos deslizamos sin saberlo en el *mundo de la mente*, el cual en ocasiones no es más que el de las ilusiones. Si, por ejemplo, tú y yo estuviéramos hablando justo ahora y yo te mirara observándome, podría imaginar que me escuchas, que estás aburrido o que estás enfadado conmigo, o una combinación de estas dos cosas o quién sabe qué más. Incluso puedo afirmar las acciones que yo haría en mi fantasía. Si imaginara que me estás escuchando, entonces tal vez continuaría hablando; si imaginara que estás aburrido, podría dejar de hablar; y si imaginara que estás enfadado conmigo, podría sentirme nervioso y empezar a comunicarme contigo a la defensiva. Mi acción estaría basada en la fantasía y mi fantasía estaría, con toda probabilidad, basada en experiencias pasadas más que en el momento actual.

Domar a tu gremlin no implica permanecer
lejos del mundo de la mente. Simplemente
implica asegurarte que entras en el mundo
de la mente por propia decisión.

Tu atención te servirá mejor cuando la enfoques con delicadeza. Términos como *atontado* o *vago* describen tu existencia cuando tu atención no está enfocada. Estar atontado no es más que generalizar tu atención, es decir, atender mucho al mismo tiempo, sin ningún primer plano discernible de tu experiencia.

A menudo tienes que elegir entre lo que traes al primer plano de tu experiencia y lo que relegas al segundo plano. Hacerte cargo de tu atención y guiarla conscientemente desde su base al *aquí* y al *ahora* es el modo en que llevas a cabo esa elección. Una palabra clave cuando se trata de enfocar tu atención es *lento*. Una frase clave es *simplemente notarlo*.

Mucha gente crece creyendo que su atención se extiende solamente hacia límites definidos o hasta los límites de sus sentidos. Otras personas afirman ser clarividentes y tener conciencia de algo más allá de sus sentidos físicos. No importa que tu atención esté o no expandida más allá de tus sentidos físicos cuando se trata de domar a tu gremlin y de disfrutar plenamente de ti mismo y del regalo de la vida. A pesar de cuán extensos o limitados sean tus sentidos, de todas formas debes aprender a enfocar delicadamente tu atención si es que planeas domarlo.

Cuando practicas el establecimiento del *aquí* y el *ahora* como un punto de partida desde el que controlarás conscientemente tu foco de atención, es de mucha ayuda reflexionar en dos principios fundamentales:

**Recuerda dónde terminas tú
y comienza todo lo demás.
Respira, con un demonio, respira.**

Recuerda dónde terminas tú y comienza todo lo demás

En cierto nivel todos somos uno. Suena como una tontería etérea, lo sé, pero es cierto. No significa que tú seas yo o que yo sea tú. Sólo significa que en el nivel más profundo todos somos la misma energía pura. Pero, y este es un pero importante, en este plano físico de la existencia, donde vamos de un lado a otro y de aquí para allá, existe una milagrosa cubierta que te separa del resto del mundo. Es una cubierta maravillosa, es increíblemente sensible al mundo que te rodea; es un órgano increíble llamado, ya lo sabes, piel.

Tu piel tiene más terminaciones nerviosas que cualquier otra parte de tu cuerpo. Es a prueba de agua y muy resistente. Incluso cuando la capa más superficial se desgaste, lo que ocurre constantemente (te desharás de unos 13 kilos de desagradable piel muerta durante tu vida), ésta es reemplazada por las capas vivas que están debajo. Tú existes dentro de los límites definidos por este órgano relativamente delgado (mide unos dos milímetros de ancho).

Tu piel es un órgano milagroso. Está rodeado de un campo de energía y es tan sensible que puedes sentir ciertas propiedades del ambiente simplemente al entrar en contacto con ellas. De igual modo es sorprendente que, aunque tu piel es un órgano receptor, también es una frontera, una frontera vibrante que te separa de todo lo demás.

Desde adentro de la frontera delimitada por tu piel estás observando estas palabras. Dentro de esa frontera las estás interpretando. Dentro de ella estás respirando. Desde dentro de la frontera delimitada por tu piel has tenido cada experiencia en esta vida. Los eventos ocurren a tu alrededor, pero has experimentado dichos eventos desde dentro de las fronteras delimitadas por tu piel.

En los próximos días experimenta con notar tu piel. Sólo sé consciente de ella como un órgano receptor y como una frontera dentro de la cual existes.

Respira, con un demonio, respira

En el capítulo 1 reconocimos el infinito e indefinible poder que es la esencia del tú natural, y lo etiquetamos como *vida*. Como sea que la llamemos una cosa es segura: cuando abandone tu cuerpo, ni siquiera tus mejores amigos desearán permanecer cerca de ti mucho tiempo. Ese poder infinito da fuerza al cuerpo finito dentro del cual vives y a través del cual prestas atención a estas palabras:

**Tu cuerpo físico y esta fuerza vital se han
unido para formar la entidad que responde a**

tu nombre. Se unen a través de tu respiración.
Vale la pena notar y apreciar la respiración.

Eventualmente dejarás de respirar y tu cuerpo se pudrirá. Hasta entonces, delicadamente, sin hiperventilarte, simplemente asegúrate de tomar todo el aire fresco que tu cuerpo desee y necesite y de exhalarlo completamente. Qué y cómo respiras afecta tu salud y tu disposición. Respirar apropiadamente para la gente sana bajo condiciones saludables es fácil. Millones de niños felices y adultos retozones lo hacen constantemente sin esfuerzo. En tu caso, si metes muy poco de ese bueno y claro oxígeno, seguramente te pondrás tenso, azul y probablemente enfermo. Si metes demasiado sin exhalarlo completamente estarás atontado y comenzarás a actuar raro.

Mi primer borrador de este capítulo tenía una elaborada descripción de lo que pasa con tu cuerpo cuando respiras, así como una actividad específica de respiración que utilizo con mis clientes y estudiantes. Descarté ambas. La explicación consistía en demasiadas palabras, y respirar es una experiencia tan fundamental (e importante) que escribir sobre ella se sentía forzado. Esto es lo que quisiera que supieras:

Respirar plena y claramente es importante. Se basa en un movimiento libre y vivo de tu abdomen hacia fuera cuando inhalas y hacia dentro cuando exhalas. Esto suena contradictorio para algunas personas, y puede sonarte así a ti. Tu tendencia puede ser la de jalar tu abdomen hacia dentro cuando inhalas y forzarlo hacia fuera cuando exhalas. Este estilo de inhalación (estómago adentro-pecho afuera) sólo te permite llenar la parte superior de tus pulmones. Es el modo en que respiras cuando estás bajo el ataque de un gremlin. Es un estilo de respiración que es común en todos nosotros cuando nos sentimos amenazados o ansiosos. La gente que respira de esta manera habitualmente es aquella que está siempre temerosa y vacilante, usualmente a causa de experiencias dolorosas del pasado. Tienden a no confiar en sí mismos ni en otros. Este tipo de respiración y la tensión corporal que la acompaña son un intento de nadar contra la corriente de la vida en lugar de vivir en ella.

Cuando limitas tu respiración, bloqueas tus emociones y tu habilidad para sentir y experimentar plenamente el mundo a tu alrededor. Tu atención se concentra en tu intelecto, excluyendo tu cuerpo y tus receptores sensoriales. Todos hacemos esto en alguna medida, en ocasiones tales como cuando estamos lidiando con un asunto sin resolver de nuestro pasado, analizando un dilema o esforzándonos demasiado para predecir o prepararnos mentalmente para el futuro. Estos procesos cerebrales son importantes y tienen su lugar en dosis controladas. Pero pensar demasiado puede resultar en que te pierdas de vivir la vida, y puede ponerte ansioso e inquieto. Respirar apropiadamente puede ayudarte a mantener un equilibrio eficiente entre el uso de tu intelecto y el uso de tus sentidos naturales. Puede ayudarte a confiar y entrar en contacto con el tú natural: el observador.

Cuando tu respiración es clara y relajada y estás absorbiendo todo el aire que deseas y exhalas completamente, estarás más consciente de ti mismo y más consciente del escenario y los actores de tu propio mundo. Estarás más consciente de dónde terminas tú y comienzan ellos, más consciente de la cubierta milagrosa conocida como piel, y lo más importante, más abierto a experimentar completamente la fuerza vital dentro de ti. En pocas palabras, tus percepciones serán más claras y tendrás un punto de vista privilegiado para responder a los retos de mejor manera.

Si respirar de modo claro, pleno y relajado no ha sido un hábito para ti, puedes darte cuenta de que el hacerlo te hace sentir incómodamente vulnerable. Hemos sido condicionados para tensarnos en anticipación al dolor, como si esto fuera a prevenir o aminorar el dolor que tememos. Información falsa.

Tensarse para evitar el dolor es contraproducente. Tensarse, de hecho, inicia, perpetúa y prolonga el dolor. Haz el experimento de mantenerte consciente de tu piel y mantener clara tu respiración. Si notas que esto te hace sentir vulnerable, prueba a pensar en el sentimiento de vulnerabilidad como un simple estado de atenta relajación.

Tu respiración puede servirte como un barómetro y como un regulador de la medida en que te sumerges en una experiencia honesta de tu vida. Nota las diferencias en tu respiración a medida en que te encuentras con diferentes tipos de situaciones, como cuando saludas a alguien especial para ti o en una negociación con alguien en quien no confías. Experimentar la respiración apropiada en diversas circunstancias, aunque sea un hecho simple, puede ser vigorizante y en cierto sentido retador. Cuando elijas experimentar a monitorear y regular tu respiración, dedícate a ello. Practica.

La práctica es importante. Puedes leer este u otros libros hasta que seas una enciclopedia ambulante, parlante y envidiable, llena de datos y filosofías para el mejoramiento del género humano y, aunque puedas impresionar a tus amigos con tu biblioteca y tu vocabulario, nada de lo que sepas valdrá un pepino a menos que te dediques seriamente a convertir la teoría en acción a través de la *práctica*.

Una sesión de práctica

Aquí tienes una actividad para ayudarte a aprender cómo tomar el control delicadamente de tu atención. Te sugiero que te tomes unos momentos para leer la sección resaltada a continuación y, cuando sientas que estás de humor para experimentar y puedas tener unos diez o quince minutos a solas sin interrupciones, encuentra un lugar cómodo para sentarte, cierra tus ojos y practica.

Dirige tu foco de atención hacia tu respiración. Con delicadeza, concéntrate en algunas respiraciones, notando el movimiento del aire a través de tu nariz, bajando por tu tráquea y entrando en tus pulmones. Presta mucha atención al movimiento de tu abdomen mientras respiras, asegurándote de permitir que tu abdomen se abombe hacia fuera cuando inhalas y permitiendo que se contraiga hacia dentro cuando exhalas. Asegúrate de llevar a tus pulmones todo el aire que desees. No hay necesidad de hiperventilarse o de respirar pesadamente. Simplemente absorbe todo el aire que desees, y cuando exhales hazlo completamente, sacando hasta el último resto de aire. Respira a un ritmo que te sea cómodo.

Tu atención puede desviarse. Puede ir hacia tus procesos mentales (el mundo de la mente), hacia un sonido (el mundo a tu alrededor), o hacia una picazón u otra sensación corporal. Es natural que tu atención divague. Sin embargo, en el momento en que te vuelvas consciente de que esto ocurre, trae conscientemente tu atención de vuelta a tu respiración, siguiendo el aliento hacia dentro y hacia fuera de tu cuerpo.

Controlar y guiar tu atención es un proceso muy delicado. No es algo que *tratas* de hacer. Es algo que te *permites* hacer. Sé gentil contigo mismo. Haz esto durante uno o dos minutos. Ve lentamente y relájate.

Una vez que estés respirando cómodamente, permite que la atención se enfoque en la superficie de tu piel.

Tu piel es un receptor. Es un órgano. Y si le prestas atención, serás capaz de sentir el aire en tu piel, tu ropa contra tu piel; incluso, la transpiración y el cabello sobre tu piel. Por un minuto o dos guía delicadamente tu atención de ida y vuelta entre tu respiración y tu piel.

Tu piel no sólo es un receptor muy sensible, también es una frontera. Te separa de toda la otra materia del universo. A pesar de que esto pueda parecer muy obvio, te recomiendo que por un breve momento, mientras mantienes tu respiración clara y prestas atención a tu piel, atiendas tu propia separación física del mundo a tu alrededor. Simplemente considera tu piel como esa frontera entre tú y el resto del mundo. Presta atención a tu separación con todo lo demás. Experiméntate a ti mismo revestido en tu piel. Presta especial atención al peso de tus párpados sobre tus ojos, y por algunos momentos practica el dirigir tu atención desde:

tus párpados,
hacia
tu respiración,
hacia
la superficie de tu piel.

Prueba dirigir tu atención delicadamente entre estas tres áreas y, cuando estés listo, con la atención puesta en tu respiración y en tu piel, inhala lentamente una vez más, imaginando que tu aliento pasa detrás de tu corazón, rozándolo suavemente. Mientras lo haces, repite estas palabras en tu mente: «Estoy domando».

Después exhala completamente, sintiendo nuevamente tu aliento pasar ligeramente sobre la parte trasera de tu corazón. En tu mente repite estas palabras: «A mi gremlin».

Nota la superficie de tu piel una vez más.

Con delicadeza, levanta los párpados. Será como si echaras un vistazo desde dentro de tu cuerpo hacia una película multidimensional: *el mundo a tu alrededor*. En este mismo momento podrías estar consciente de que tu piel hormiguea y se siente muy viva. Llamo a este estado de separación *estar centrado*.

Estar centrado

Estar centrado es simplemente una forma de ser. Por amor de Dios, no te des a ti mismo alguna clase de regla en forma de *debería* o *tendría* cuando se trate de estar centrado. Decirte a ti mismo que deberías o tendrías que estar aquí y ahora es establecer una dualidad entre tu estado natural y tu gremlin.

Piensa el estar centrado como tu punto de partida en el *aquí* y *ahora*, y vuelve a él a menudo. Cada vez que regreses a esa casa te estarás dando un nuevo comienzo.

Recomiendo fervientemente que te centres a ti mismo cada día, preferentemente por las mañanas. Al establecer una sensación de estar centrado como tu punto de partida, serás capaz de regresar a él con más facilidad cuando seas sacado de ese centro a lo largo del día; algo que ocurrirá. Con la práctica, serás capaz de recentrarte a ti mismo en el lapso de unas pocas respiraciones al simplemente estar atento por un instante a tu respiración y después a la superficie de tu piel. Usa tu mantra «Estoy domando a mi gremlin». Parpadea lentamente, y a medida que levantas los párpados puedes decirte a ti mismo algo como:

El mundo fue creado hace cinco segundos con toda su historia, actores y decorado,

o

acabo de llegar al planeta con la cabeza llena de ideas y recuerdos a los cuales puedo dar la importancia que yo decida.

Repasemos pues. Aquí hay algunas palabras incompletas que apuesto a que puedes completar fácilmente:

Tu habilidad primaria cuando se trata de domar a tu gremlin es simplemente n t rlo. La herramienta que utilizas para simplemente notarlo es tu foco de at n ión. Tu foco de atención está colocado en un pedestal en el aquí y el ah r . Al establecer el aquí y el ahora como el punto de partida desde el cual brilla tu foco de at n ión, querrás poner mucha atención a tu r spi aci n y a la cubierta milagrosa conocida como tu p l, la cual te separa del resto del mundo. Al centrarte a ti mismo, podrías utilizar tu nuevo mantra, «Estoy domando a mi gr l n». A medida que practiques utilizar esta información día a día y a cada respiración, te volverás más centrado.

   Estar c ntr d y establecer el *aquí* y *ahora* como un punto de partida del que dejas brillar tu foco de atención es una poderosa herramienta cuando se trata de domar a tu gremlin.

Cuando se trata de tener una experiencia realmente satisfactoria, un principio básico de operación, uno que la gente suele dejar de lado, es:

Sentirse bien es primordialmente un trabajo interior.

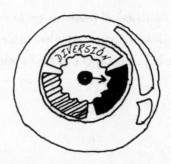

Un trabajo interior

El mundo está lleno de escenarios y actores. Hay millones de escenarios y actores en tu mundo, y estos se interrelacionan con los demás y contigo para formar circunstancias: algunas buenas, algunas malas, algunas horribles. Cada circunstancia dada representa una oportunidad para practicar el acto de centrarse.

Centrarse y recentrarse es la clave para un ajuste de cuentas exitoso con los golpes y dolores del tiempo.

Si tus ojos están siguiendo estas palabras, has estado por aquí lo suficiente como para saber que cuando se trata de maximizar el placer y minimizar el dolor, muchas veces es más útil la habilidad de regular tu nivel de tranquilidad, calma y alegría contenida, a pesar de las circunstancias, que hacer que tu felicidad dependa de tratar de cambiarlas.

Tu gremlin tratará de hacerte creer que estarás contento y satisfecho cuando pongas tus cosas en orden, sin decirte nunca que la idea que tú tienes del orden puede no parecerse ni remotamente a lo que el universo tiene en mente. Y sólo Dios sabe lo que el universo tiene en mente.

Es genial tener objetivos. Alcanzarlos puede aumentar tu placer, pero en cuanto a esto de «poner tus cosas en orden», ¿qué tal probar a poner los pies en la tierra? Incluso cuando coloques todos los pequeños asuntos en su lugar, con primoroso cuidado, no permanecerán ahí por mucho tiempo. Cuando se trata de «una vez y para siempre»:

Nunca pondrás tus cosas en orden.

Mira a tu alrededor. Como todo un experto participante y observador de este juego de la vida, debes haberte dado cuenta de que, en lo que se refiere a tus circunstancias, si todo va muy mal, todo mejorará. Y si todo marcha muy bien, de pronto cambiará para empeorar. Así es la existencia humana. Así es. Tú y yo podemos lloriquear todo lo que queramos, pero así es. Y dado que así es, ¿no tiene más sentido poner al menos tanto esfuerzo en dominar tu habilidad interna para mantener y restaurar tu equilibrio como lo pones en controlar tus circunstancias externas? ¿Estás realmente dispuesto a probar la alegría y la satisfacción sólo en esas raras ocasiones cuando los escenarios y actores de tu vida se alinean de un modo que te parezca agradable? Estar centrado y la habilidad para restaurar tu equilibrio rápidamente son habilidades importantes a desarrollar. Así que aquí está otro método para hacerlo.

Ahora estoy consciente

Otro método para centrarte a ti mismo es jugar un simple juego llamado «Ahora estoy consciente». Sin prisas, simplemente centra tu atención en un aspecto y en otro de tu experiencia del *aquí* y el *ahora*. Tómate el tiempo de realmente notar cualquier cosa que traigas a tu campo de atención, ya sea un sonido, un olor, algo que toques o algo que pruebes. Sin prisas. A medida que ganes un control relajado sobre tu foco de atención, experimenta con relocalizarlo desde tu cuerpo hacia el mundo a tu alrededor, y hacia el mundo de la mente permaneciendo algunos segundos en cada lugar. Conforme los pensamientos lleguen a tu atención, simplemente nótalos y déjalos que se vayan. Delicadamente dirige tu atención de vuelta hacia dentro de la frontera definida por tu piel, o fuera de ella, comenzando con frases como «Ahora estoy consciente de...».

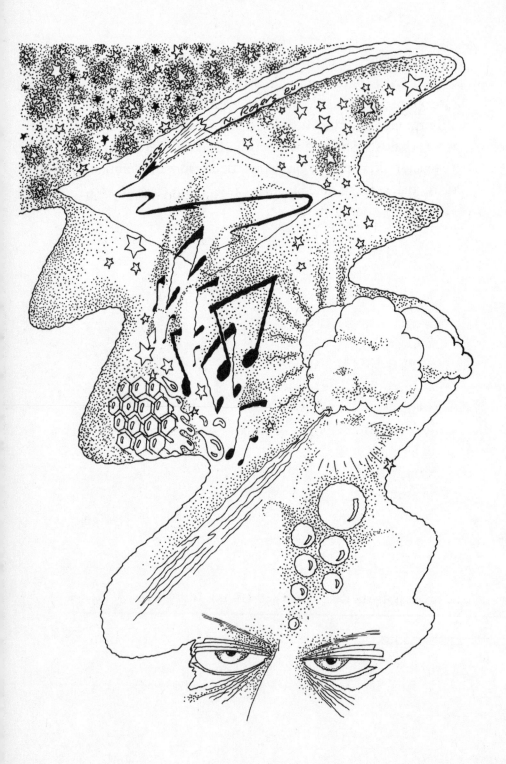

Por ejemplo, yo:

- Ahora estoy consciente del sonido del lápiz avanzando en el papel.
- Ahora escucho música de fondo.
- Ahora estoy consciente de la brisa sobre mi piel.
- Ahora estoy consciente de estar pensando qué escribir.
- Ahora estoy consciente de cierta rigidez alrededor de mis ojos.

Tu gremlin querrá que no pases nada de tiempo yendo sin prisas e incrementando tu atención. Él conoce el poder de *simplemente notarlo* como herramienta para domarle, y le asusta. Hará su mejor esfuerzo para distraerte. Su monólogo, cuando lo detectes, podría sonar como un regaño o parloteo desorientado, como el consejo de un verdadero amigo o incluso como una interesante pontificación intelectual. En cualquier caso, se trata de tu gremlin. Simplemente nótalo sin permitirte involucrarte con él. Si te hallas involucrado con él, simplemente canaliza tu atención de vuelta a tu cuerpo o al mundo a tu alrededor, utilizando las palabras «Ahora estoy consciente».

Simplemente notando a tu gremlin

Hasta ahora, observar a tu gremlin había sido difícil, tal vez por la enmarañada calidad de tu relación con él. Como fuera, a medida que incrementes tu habilidad de centrarte a ti mismo en el *aquí* y el *ahora* y de controlar tu atención, comenzarás a experimentar mayor desapego de tu gremlin. Desde la posición de estar centrado, te volverás más consciente de él. Puedes sentirlo y, aunque la experiencia de tu gremlin pueda ser sutil al principio, es innegable. Podrías notar rigidez en tu peso, sensación de mareo o un nudo en el estómago, tensión en tus hombros, cuello o espalda, o una ansiedad inexplicable. A medida que comiences a *simplemente notarlo* o notarla, comenzarás a notar una luminosa división entre el tú natural y tu gremlin.

En estos momentos ya no estás enmarañado con tu gremlin. Eres su observador. Nota el simple placer de esta experiencia. Aunque difícilmente notable, en un principio, la experiencia es profundamente poderosa. *Simplemente nótalo* y *simplemente nota* a tu gremlin. No presiones o te esfuerces por tener una sensación de que lo que estoy describiendo deba formarte una expectativa de ti mismo. Tu gremlin amaría eso. Así puede burlarse de ti por ser un amateur poco efectivo y nada exitoso. Sólo relájate, *simplemente nótalo* y que sea lo que es. A medida que hagas brillar tu foco en ese monstruo de la mente, aunque puedas no detectar su voz, con toda probabilidad serás capaz de experimentarlo y de tener al menos una ligera sensación de su velocidad, su intensidad y su efecto en tu cuerpo.

Si te relajas incluso podrías experimentar ciertos colores que parecen ir bien con tu gremlin. Podrías experimentar su tamaño o su forma. De nuevo, volverse consciente de tu gremlin no es algo que requiera conocimiento intelectual, esfuerzo, estudio o concentración intensa. Implica solamente relajarte y *simplemente notarlo*. Es algo que te permites hacer, no algo que trates de hacer.

Si comienzas a tener una clara imagen, fantasía o experiencia de tu gremlin, podrías querer anotar algunas palabras para describirlo. Incluso podrías querer hacer un boceto o dibujo de él. Lo más probable es que, para cuando termines este libro, tendrás más de una imagen suya. Recuerda, los gremlins cambian regularmente su estilo y su forma de ser. El tuyo podría tener un look muy particular en unas ocasiones y en otras podría ser poco definido. Él podría ser grande o pequeño, humano o no-humano, colorido o apagado, distinguible o amorfo. Desde tu punto de vista ventajoso al estar centrado, tu habilidad para detectar su presencia se incrementará.

A medida que lo observes, te darás cuenta de algunas de las tácticas que utiliza para sabotear tu disfrute. Pronto pasaremos algún tiempo afinando tus habilidades para simplemente notarlas. Nuestra herramienta primaria será la *atención*. Recuerda que el Método para domar gremlins consiste en tres procesos esenciales:

Simplemente notarlo.
Escoger y jugar con opciones.
Estar en proceso.

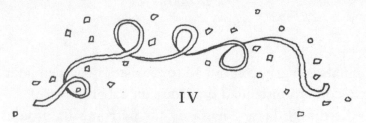

IV

SIMPLEMENTE NOTA
TUS HÁBITOS

T u gremlin te ha atrapado en hábitos formativos para vivir tu vida. Estos hábitos o patrones habituales de conducta, recaen en dos categorías generales:

Hábitos para responder a las emociones.
Hábitos para responder a las
personas y circunstancias.

Tus hábitos para responder
a las emociones

Las emociones pueden clasificarse en cinco categorías básicas: enojo, alegría, tristeza, sentimiento sexual y miedo. Cuando una de estas emociones se manifiesta, tu respuesta podría ser un hábito basado en una creencia originada en el pasado. Por ejemplo, si aprendiste de tu experiencia o alguien te dijo que el enojo hace daño y que expresarlo no está bien, que es peligroso o simplemente grosero, tu hábito podría ser bloquear ese enojo. Lo mismo puede decirse si igualas alegría con inmadurez, tristeza con debilidad, sexo con promiscuidad o miedo con cobardía.

Es difícil darse cuenta de tus patrones habituales de conducta porque, para utilizar un viejo adagio, no puedes ver el bosque a causa de los árboles. Es como si *pertenecieras* a tus hábitos; esto es, hasta que comiences a *simplemente notarlos*. A medida que comiences a practicar el estar centrado, a establecer el *aquí* y el *ahora* como base de operaciones y a regular el flujo de tu consciencia desde tu cuerpo hacia el mundo a tu alrededor y hacia el mundo de la mente, tus patrones habituales de conducta serán más y más obvios para ti.

Enojo

Podrías notar, por ejemplo, que tu respuesta física habitual al enojo es acortar tu respiración. Tu hábito podría convencerte de no ceder a tu enojo, o de racionalizarlo, o de gritar y explotar, o de comer, beber, pelear o deprimirte al suprimirlo inconscientemente. Podrías experimentar el enojo como algo poderoso, aterrador, sexy o desagradable. Podrías ponerte energizado, asqueado, vengativo, súper agradable, sarcástico, apaciguador, belicoso o muy analítico, o podrías esforzarte a toda costa para evitar el sentimiento.

Sugiero que, comenzando desde hoy, prestes mucha atención a tu respuesta habitual a la experiencia del enojo, teniendo en mente que tu enojo puede, en ocasiones, tomar la forma de una irritación menor, mientras que en otras podría ser una imparable ola de ira. No es necesario analizar el sentimiento, como sea que lo experimentes. Simplemente nota el efecto del enojo en tu cuerpo, especialmente en tu respiración. Cuando decides no expresarlo, ¿qué haces en su lugar? Puedes encontrar que lo almacenas en tu estómago, tu cuello, tus hombros, tu cabeza o tu espalda. Ciertamente no sugiero que siempre debas expresar tu enojo. Sólo estoy sugiriendo que *simplemente notes* tus hábitos para responder a esta emoción. ¿Te sientes más cómodo expresando tu enojo con hombres, mujeres, gente joven, personas mayores? ¿Qué pasa con tu voz cuando te enojas? *Simplemente nótalo.*

El siguiente experimento te ayudará a manejar algunas de tus creencias sobre la naturaleza del enojo. En estas creencias se basan tus patrones habituales de conducta en lo que respecta al enojo. Céntrate a ti mismo, después lee los siguientes puntos en un estado de concentración relajada y permítete llenar los espacios con tus reacciones honestas.

1. Imagino que aquellos que me conocen bien dirían que cuando me enojo yo _____.
2. Cuando me enojo con alguien que conozco bien tiendo a _____.
3. Cuando me enojo con alguien que no conozco bien tiendo a _____.

4. Si sospecho que alguien está enojado conmigo, siento y tiendo a _____.

5. Una ocasión reciente en que me enojé con otra persona fue _____.

6. En ese momento, elegí _____.

7. Al recordar esa experiencia hoy, me doy cuenta de que _____.

8. Si hubiera permitido que mi enojo se reflejara en mi voz y en mis palabras de manera completamente no censurada, imagino que yo habría

_____.

9. Luego creo que me hubiera sentido _____.

10. Cuando mi madre se enojaba, ella tendía a

_____.

11. Cuando mi padre se enojaba, él tendía a

_____.

Fíjate en las respuestas que diste a los enunciados de arriba. Estas ofrecen pistas sobre tus hábitos con relación al enojo. No hay necesidad de ser cautos acerca de reconocer tus creencias y hábitos. Hacerlo no implica que necesites cambiar algo. Por supuesto, tu gremlin te hará juzgar tus respuestas. En lugar de eso, *simplemente nótalas* y relájate. Lo que sea que respondieras en el ejercicio está bien, y recuerda: incluso si encuentras un patrón en el manejo del enojo que no te enorgullezca, no tienes que cambiarlo. Si quieres jugar con una opción, está bien. Ya hablaremos a profundidad sobre jugar con opciones después, pero por ahora deja ir cualquier juicio y *simplemente nota*.

Si te das cuenta de creencias o hábitos relevantes a tu reacción al enojo, tal vez quieras anotarlos. Considera la validez de estas creencias o hábitos para ti en esta etapa de tu vida, recordando que un hábito que tuvo sentido al formarse podría tener poco valor para tu vida *aquí y ahora*. Podrías querer tomar una elección distinta. O no.

Ahora, ¿qué hay de la tristeza, del sentimiento sexual, del miedo y de la alegría? Sí, de la alegría.

Alegría

Frecuentemente conozco a gente que suprime la alegría. Amo las imágenes hechas por Charles Schultz de Snoopy cuando hace su increíble baile. Una alegría tan extrovertida es una cosa hermosa. Pero hay quien confunde la alegría explosiva con irresponsabilidad, inmadurez y con estar fuera de control (a veces como resultado de la creencia de que «los niños deben ser vistos pero no escuchados»). Tales nociones son herramientas de tu gremlin.

Una completa expresión del placer no sólo es buena para la salud y disposición del que la expresa: afecta poderosamente a aquellos a tu alrededor.

Recuerdo un día de 1983 cuando llevé a mi hijo Jonah a comer barbacoa en Lubbock, Texas. Jonah tenía seis años entonces. Mientras él devoraba las costillas de algún bendito bovino, yo mordisqueaba palitos de zanahoria y jalapeños y engullía una papa al horno del tamaño de un melón. Había sido estrictamente vegetariano por cinco años. No comía carne, ni roja ni de otro tipo, ni huevos o productos animales, ni tampoco pescado. Luego de limpiar la última costilla, Jonah reposó en su silla y le dio un trago a su coca-cola. Entonces se chupó los labios y las puntas de sus diez hermosos y pequeños metacarpos y me lanzó la sonrisa más grande y dichosa que yo hubiera visto. Me salí de control. Me levanté de mi silla, fui a la parrilla y ordené un sándwich de fajitas de res y una cerveza. Las compresas colapsaron y, me parece, estuve más cerca que nunca de Dios y de lo correcto.

Mi punto, por supuesto, no es «come más carne». Es simplemente que la alegría auténtica y sin censura es poderosa, hermosa y contagiosa. Lo que es más, la experiencia de la alegría siempre está disponible justo en el interior de tu propio cuerpo. A medida que comiences a poner más y más espacio entre tú y tu gremlin, la sentirás, sin duda.

En lo que toca a la tristeza, ¿sabías que una experiencia plena de la tristeza puede sentirse igualmente vigorizante?

Tristeza

Mucha gente confunde la tristeza con la depresión. De hecho, la tristeza y la depresión son experiencias muy distintas. La tristeza es una respuesta natural a ciertos estímulos. Frecuentemente se expresa con lágrimas y respiraciones profundas. Puede ser una experiencia rica, poderosa y vivificadora. La depresión, por otro lado, frecuentemente es el resultado de bloquear la tristeza o el enojo. La depresión es lo que pasa cuando nuestro gremlin nos convence de que nuestros sentimientos son inaceptables. Cuando estamos deprimidos, tenemos la sensación de estar entumidos y bloqueados. Tal vez no nos sintamos en la cima del mundo cuando experimentamos por completo nuestra tristeza, pero nos sentimos muy vivos e incluso con cierta sensación de bienestar. Más importante: cuando experimentamos plenamente nuestras emociones, nos moveremos eventualmente a través de ellas a nuevos espacios de sentimiento. Por otro lado, si evitamos las emociones, tenderemos a permanecer atascados en un estado emocional particular.

¿Qué haces habitualmente con tu tristeza?

Recuerda un momento en que te hayas sentido triste, ya sea por una pérdida o una película triste, quizá. ¿Cómo reaccionaste? ¿Tu gremlin te convenció de ocultar tu tristeza? Si fue así, probablemente comenzaste a respirar superficialmente y a desarrollar un sentimiento opresivo en tu garganta o una jaqueca. Esa fue tu elección, y algunas ocasiones podría ser mejor sufrir estas sensaciones físicas en lugar de llorar. Comenzar a sollozar en un momento en que las repercusiones pudieran causarte dolor o vergüenza no te ayudará mucho a disfrutar la vida, ¿verdad? Recuerda, la clave aquí es actuar a partir de elecciones en lugar de hábitos. Lo que haces con tu tristeza es tu elección; no de una vez y para siempre, sino en cada ocasión en que la tristeza aparezca. Hay valor, sin embargo, en observar tus hábitos de respuesta al enojo, la alegría y la tristeza, porque actuar a partir de hábitos es lo que tu gremlin usa para conducirte a un estado miserable.

El enojo y la tristeza aparecen en distintas situaciones. Frecuentemente acompañan la experiencia de la pérdida. Puedes perder tu cartera, un gran juego, un ser querido. Es duro cuando se trata de esto último.

Un alma llena de amor es un alma llena de amor, ya sea que habite un cuerpo con poco cabello, dos brazos y dos piernas, o en uno con cuatro patas y mucho pelo. Si has tenido una relación amorosa con otra alma y esa alma da el salto hacia el otro lado, tendrás algo que sanar después. Si alguien que amas muere, laméntalo. No seas tímido acerca de llorar o reticente para recordar sus méritos. Regálate calor con buenas memorias, siente vergüenza con las malas y maldice los arrepentimientos. Luego de una pérdida, las emociones fuertes son naturales. Otórgate el tiempo y el espacio para experimentarlas por completo. Expresa tus sentimientos verbalmente y por escrito. Revisa el pasado, pero no trates de rehacerlo. Hazlo con la clara intención de sanarte. Esto puede tomar días o semanas.

El verdadero amor, que es la esencia del *tú natural,* aliviará tu dolor si le permites hacerlo, pero es necesario pasar tiempo con tus emociones; sentirlas y experimentarlas. Confía en el proceso y eventualmente llegarás a un punto de elección a respecto de tu comportamiento cuando las emociones se muestren. En algunas circunstancias podrías querer sumergirte en ellas. Otras veces podrías elegir *simplemente notarlas,* respirar profundamente una o dos veces, y con delicadeza y respeto, ponerlas de lado por el momento. Nota la experiencia de la elección y de elegir. Entonces, siendo consciente del respeto y amor propios y la clara intención de sentirte bien, experimenta con reducir el tiempo que pasas en duelo y aumentar el tiempo que pasas disfrutando el *aquí* y el *ahora*, así como en crear un futuro pleno para ti y para tus seres amados.

Sumérgete en tu memoria y tu dolor cuando sientas la necesidad. Acepta las olas inesperadas de tristeza y enojo y trabaja con ellas, no contra ellas. Respira. Reflexiona sobre el regalo que recibiste al haber pasado tiempo con el ser amado que has perdido. Decide apreciar este regalo, utilizarlo y embellecerlo. Perdona a tu ser amado por haber muerto. Esto, también, toma tiempo. Trata de perdonar si aún no puedes perdonar. Encuentra el deseo de dejar ir a tu ser amado. Déjalo o déjala ir. Quédate con los buenos recuerdos y la sabiduría que obtuviste de la vida y muerte de tu ser amado.

Sentimientos sexuales

Así como tu gremlin puede convencerte o asustarte para suprimir tu enojo, alegría o tristeza, también puede ponerle una correa a tus sentimientos sexuales. Nota lo que tiendes a hacer cuando te sientes amoroso o excitado sexualmente. Depende de las circunstancias, pero ¿tu gremlin te ha convencido de responder a los sentimientos sexuales de manera mecánica?

He conocido hombres cuyos gremlins los habían convencido que la eyaculación era una respuesta necesaria al sentirse excitados. Y he conocido hombres y mujeres cuyos gremlins los habían convencido de que los sentimientos sexuales eran poco saludables. ¿Recuerdan a Lucille y a su gremlin, el reverendo Aguafiestas? El reverendo había mantenido a Lucille confundida y frustrada con estos dos mensajes: «El sexo es sucio y pecaminoso» y «Deberías guardarlo para tu verdadero amor». Confuso, ¿no? Los gremlins son traidores y astutos.

Nota tu respuesta habitual respecto a los sentimientos sexuales. ¿Tus hábitos varían según las circunstancias? ¿Cómo se siente para ti el sentirse sexualmente atraído hacia alguien? ¿Te sientes débil, fuerte, húmedo, tibio, enojado, ansioso, electrizado, amoroso? ¿Qué ocurre con tu voz? ¿Con tu nivel de tensión muscular? *Simplemente nótalo* durante las próximas semanas. Sólo relájate y observa. Sea lo que sea que notes está bien. No necesitas juzgar (tu gremlin se encargará de eso). Relájate y presta atención.

Miedo

El miedo puede ser una experiencia tremendamente poderosa, pero no hay porqué temerle. La experiencia física del miedo es una señal importante: ya sea de que existe un peligro presente o inminente, o de que estás en el mundo de la mente imaginando que éstos existen. Si ves a un toro corriendo a toda velocidad en dirección tuya, el miedo probablemente te guíe fuera de su camino. Sin embargo, la sensación física del miedo no es menos intensa incluso cuando no existe motivo real para temer:

tu respiración se acorta y se acelera, la frecuencia del pulso aumenta, tu corazón late con más fuerza y la adrenalina inunda tu sistema. Ya sea que tu miedo haya sido creado por una circunstancia real o por un ataque de gremlins, es importante notar tu miedo, traerlo a la luz y experimentarlo, aunque sea brevemente. La línea entre el miedo y la emoción es muy delgada. Más de un artista profesional me ha dicho que aceptar su «pánico escénico» lo transforma en emoción, lo cual vuelve su interpretación más poderosa.

Existe el miedo y también existe *el miedo*. Muy pocos que se hayan enfrentado cara a cara con algo de la magnitud del colapso del World Trade Center, el 11 de septiembre del 2001, tienen el estado mental para practicar el siguiente ejercicio.

Pero cuando estés atrapado por miedos menos horrorosos y tengas el tiempo y el estado mental para hacerlo, estas cuatro simples preguntas pueden ayudar. Las preguntas son: ¿Qué es? ¿Y entonces? ¿Y luego? ¿Y ahora qué? El evento relativamente común que sigue a continuación apareció hace poco entre uno de mis clientes:

— ¿Qué es? (Separa lo que sabes con absoluta certeza de aquello que sólo imaginas).
— *Vi a mi supervisora mirando en dirección mía con el ceño* fruncido. Imagino que está enojada conmigo y me reportará negativamente.
— ¿Y entonces? (Nota tus expectativas catastróficas).
— *Ella podría despedirme.*

— *¿Y luego?* (Si tu expectativa catastrófica se vuelve realidad, ¿qué es lo peor que podría pasar? Llega al fondo de tu temor, el cual siempre tiene algo que ver con dolor intenso, abandono o muerte).

— *Mi vida se desmoronará. Perderé todo.*

— Mi familia y yo moriremos de hambre.

— *¿Y ahora qué?* (Las opciones son infinitas).

— *Podría darme un tiro.*

— Creo que podría renunciar antes de que me despidan.

— Le plantearé mis suposiciones a la supervisora y le preguntaré cómo se siente acerca de mí y del desempeño de mi trabajo.

— Voy a asegurarme de hacer mi trabajo correctamente.

A través de este libro he incluido muchos ejercicios interactivos que te ayudarán a manejar algunas de tus ideas y hábitos respecto a tus emociones, además de las estrategias de tu gremlin. Todos tienen un gremlin que domar, pero la actividad que sigue no es tan fácil para todos. Si decides intentarla, hazlo en un momento en que estés dispuesto a sumergirte en la experiencia de todo corazón. Aprenderás mucho de ella. Si prefieres hacer la actividad después o incluso no hacerla, está bien: aun así aprenderás a domar a tu gremlin.

La actividad experiencial que no es tan fácil para todos

He guiado a miles de personas a través de la siguiente actividad (y de muchas más). Puedo decir sin ninguna modestia que la mayoría de los participantes se han beneficiado tremendamente. Pero yo siempre estuve ahí para guiarlos cuando hacían la actividad (usualmente en sesiones privadas o talleres), o se encontraban escuchando mi voz a través de alguno de mis programas de audio. *Aquí y ahora*, tú y yo, es un poco más difícil porque nuestra herramienta primaria de comunicación es la palabra escrita. Pero he estado experimentando con muchos de mis alumnos y clientes y sé que, más allá de cualquier duda, si tú y yo trabajamos juntos, puedes tener el mismo tipo de consciencia plena que ocurre en mis talleres. Aquí está tu parte:

1. Permítete de 15 a 20 minutos de completa soledad en un lugar silencioso y cómodo.
2. Céntrate a ti mismo antes de empezar, utilizando tu mantra «Estoy domando a mi gremlin» en la última respiración antes de abrir los ojos.
3. Sigue mis instrucciones escritas con precisión.
4. No te adelantes.

Cuando estés listo, con este libro abierto en esta página, además de tener papel y pluma a la mano, cierra los ojos y céntrate a ti mismo. Luego de decir tu mantra para domar gremlins, abre tus ojos y comienza a leer el texto siguiente:

En un momento voy a pedirte que cierres los ojos
nuevamente, y cuando lo hagas, que lleves tu foco
de atención al mundo de la mente. Una vez en el
mundo de la mente, traerás a tu conciencia la imagen
de un ser humano vivo. Una persona que ames con
todo tu corazón; puede ser un niño, tal vez, o tu
pareja o un amigo. Tú amas genuinamente a esta
persona. Podrías o no estar bien con esta persona
en este momento, pero sin ninguna duda la amas.

En un momento, cuando cierres los ojos, imagina a
la persona de pie y a solas. En esta fantasía ellos no
serán capaces de verte, pero tú podrás verlos con toda
claridad. En serio míralos. Mira de cerca, respirando
profundamente mientras lo haces. Presta especial atención a los ojos de esta persona y al área que los rodea.
Periódicamente redirige tu atención hacia tu respiración
y de regreso al rostro de la persona. Míralos con la
misma relajada atención con la que disfrutarías de un
bello paisaje o de una obra de arte. Hazlo tanto tiempo
como quieras. Mantén la respiración lenta, calmada
y profunda. Simplemente nota tu experiencia interna
a través de esta actividad. Sea cual sea tu experiencia,
está bien. No hay manera de equivocarse. Acompáñame
al inicio del siguiente párrafo cuando sientas que has
terminado. Cierra tus ojos y comienza ahora.

Bienvenido de vuelta. Mantén tu respiración plena
y clara mientras acercas tu pluma y rediriges el foco de
atención hacia mis palabras. Deja que el tú natural responda

a los siguientes enunciados, sin auto-censurarte y sin tener ninguna consideración respecto al resultado o a la respuesta de tu ser amado. Este no es un ensayo para la realidad; es una experiencia de aprendizaje sólo para ti. Lo que sea que escribas está bien.

No hay manera de hacer esto mal.
Mantén tu respiración plena y clara.
Ve lentamente.

(Nombre de tu ser amado) _____, cuando entré en mi imaginación y te vi, noté que mi respiración era y me sentí _____.
A medida que me tomé el tiempo para verte realmente, noté que el área alrededor de mi corazón se sentía, y mi respiración _____.
Te veías _____.
En este momento me siento _____:

Lee el texto siguiente; luego cierra los ojos y sigue las instrucciones.

Vuelve a tu imaginación y llama nuevamente la imagen de la persona que has estado visualizando. En tu mente, nota y luego describe vívidamente a tu ser amado la experiencia física de sentir amor por él o ella. Hazlo lentamente.

Luego, con los ojos aún cerrados, inhala y exhala lentamente, y luego imagina a esa persona diciendo tu nombre. Podrías escuchar o no su voz real, pero serás capaz de sentir su resonancia. Nota tu experiencia mientras los imaginas diciendo tu nombre. Presta especial atención a tu respiración y al área alrededor de tu corazón. Vuelve conmigo cuando quieras. Cierra tus ojos y comienza ahora.

Bienvenido de regreso. Completa las frases siguientes. Tómate no más de dos respiraciones largas antes de responder a cada una. No hay necesidad de pensar demasiado.

(*Nombre de tu ser amado*) _____, cuando dijiste mi nombre, me sentí _____. Me encontré _____.
Cuando pienso en ti y en cuánto te amo y me importas, algunas de las palabras que me vienen a la mente son: _____.
Puesto que te amo, desearía que tú _____. Si fuera por mí, desearía que tú _____.

Luego de leer el siguiente texto, vuelve a entrar en el mundo de la mente y conéctate una vez más con la imagen de tu ser amado.

**Cuando vuelvas al mundo de la mente, imagina
a tu ser amado respondiéndote desde el fondo
de sí mismo, un lugar más profundo que sus**

personas, un lugar más rico y verdadero que
cualquier acuerdo, tácito o encubierto: tú y ellos
encontrando lo que significan el uno para el otro.
Sólo imagina. Invéntalo. Imagina a tu ser amado
siendo completamente abierto contigo a medida
que él o ella describe lo que piensa o siente por ti.
Tal vez estés pensando «Pero, Rick, no tengo
idea de lo que dirían». O «él/ella/ellos
nunca hablarían con tanta franqueza».
Eso está bien. Es sólo una fantasía y es sólo
para ti. Pon a trabajar tu imaginación. Relájate
y mira qué pasa. Regresa aquí cuando estés
listo. Cierra los ojos y comienza ahora.

Hola de nuevo.
Ahora responde a lo siguiente.
(nombre de tu ser amado) _____, cuando
estabas a punto de decirme tus pensamientos y sentimientos
por mí, me sentí _____ y quise_____.
Estoy consciente de que en serio quiero que sepas
que _____. Con respecto a nuestra
relación, quiero _____ y quiero que
tú _____.
Imagino que si te dijera todo lo que he notado y escrito en
este ejercicio, tú _____. Si te dijera cara a cara
cuánto te amo, imagino que tú _____.
Acabo de imaginar que tú _____si
te expreso mi amor. La ventaja de apegarme a mi idea
imaginaria de cómo reaccionarías si te expresara mi amor

es que tú, _____ (nombre del amad

o) _____, harás_____ y yo

haré _____.

Si corro el riesgo de no censurarme contigo, entonces

tú podrías _____ y luego yo me

sentiría _____.

No tengo la más mínima idea de si tú recibirías un abrazo, una cachetada o una mirada en blanco si te expresaras de este modo frente a alguien que amas. Pero una cosa es segura: a tu gremlin nada le gustaría más que verte optar por el status quo. Recuerda, él adora las nociones preconcebidas y los conceptos rápidos y duros porque aseguran aburrimiento, tristeza, congoja y vacuidad, lo que da como resultado que las relaciones entren en «zonas muertas».

Este tipo de experimento de expresión pura y libre del ser, incluso en la fantasía, llamará seguramente la atención de tu gremlin. Levantará su horrible cabeza porque, como has aprendido, su medio principal de ataque es asustarte para que vivas tu vida en total conformidad con tus ideas preconcebidas sobre quién eres tú y cómo funciona el mundo. Él te asegurará que es en nombre de tu seguridad y tus mejores intereses. Incluso jugar con la posibilidad alocada y desvergonzada de vivir la verdad de quien realmente eres lo molesta. Él sabe que traer tus miedos a la luz le permite al tú natural reevaluarlos «a la luz» de lo que eres hoy; no de quien eras hace tiempo, cuando él te convenció de cimentar esos miedos. Así que, si él aparece, *simplemente nótalo.* Por ahora es todo y es suficiente. No necesitas tratar de cambiar nada.

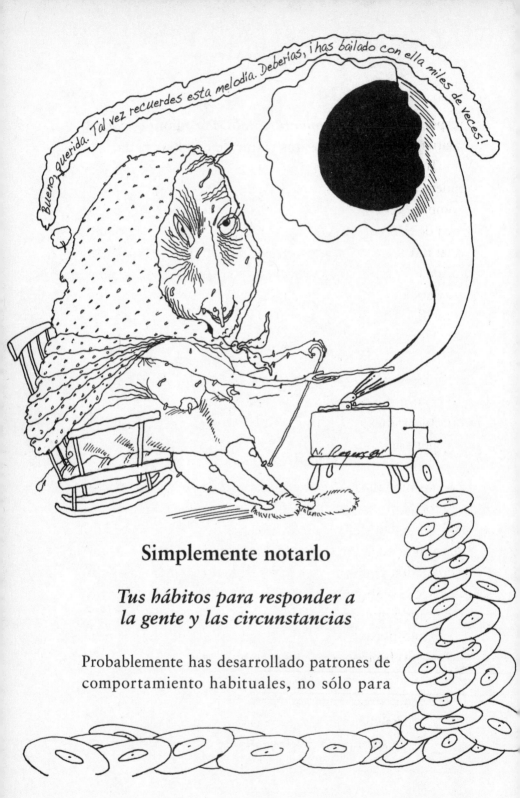

Simplemente notarlo

Tus hábitos para responder a la gente y las circunstancias

Probablemente has desarrollado patrones de comportamiento habituales, no sólo para responder a tus emociones sino para responder a personas y situaciones con características particulares.

Tu gremlin te ha ayudado a establecer estos hábitos y quiere que vivas tu vida de acuerdo a ellos. Podrías estar comprometido y determinado a no hacer tantos juicios y la idea de estereotipar a la gente podría parecerle repugnante a tu naturaleza. Por desgracia, a tu gremlin le encanta la idea. Él sabe que ensombrecer tu experiencia actual con nociones preconcebidas evitará que experimentes la vivacidad del momento actual.

Tu gremlin podría hacer que te comportaras de un mismo modo en general cuando te encuentras con figuras de autoridad, o con personas de cabello cano, o en primeras citas, o cuando conoces a alguien por primera vez, o cuando tienes un conflicto con alguien. Podrías tender a repetir los mismos comportamientos generales una y otra vez en situaciones similares. Estos hábitos no son ni buenos ni malos. Sin embargo, podrían estar basados en el mundo como lo percibiste en cierto momento determinado.

Los hábitos que aprendiste hace mucho tiempo podrían ser aún adecuados y efectivos. Pero también podrían ser anticuados y limitar el disfrute de tu existencia. Después de todo, como adulto el mundo para ti es muy diferente del mundo que experimentaste como niño, o incluso el de hace unos pocos años. Lo que funcionó para ti en el pasado podría no funcionar tan bien ahora.

En tanto sigas actuando a partir de hábitos, limitarás tu habilidad para experimentar completamente y apreciar y disfrutar el regalo de tu vida.

Al actuar a partir de hábitos, volverás a vivir los mismos dramas en tu vida, una y otra vez. Los personajes y escenarios podrían variar, pero los resultados generalmente serán los mismos.

La vida puede ser una maldita cosa después de otra, pero no tiene que ser la misma maldita cosa una y otra vez.

Tu gremlin te convencerá sutilmente de que actuar a partir de hábitos es por tu propia seguridad. Date cuenta, sin embargo, de que si optas por tus patrones habituales de comportamiento una y otra vez, comenzarás a sentirte aburrido, descontento, posiblemente deprimido y eventualmente vacío. *Vacío* es lo que tu gremlin más desea para ti. Una vez ahí, te tiene en el umbral de la desaparición.

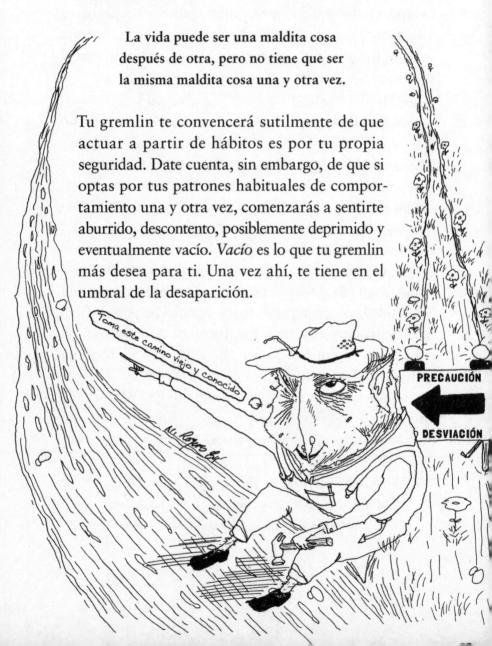

Toma este camino viejo y conocido

PRECAUCIÓN

DESVIACIÓN

El miedo como herramienta de gremlins

Los hábitos se cimentan a través del miedo. El miedo es la herramienta principal de tu gremlin. En el momento en que te persuadió de convertir un comportamiento particular en hábito, tal comportamiento puede haber tenido mucho sentido. Si tus padres te castigaban cuando expresabas enojo o descontento cuando eras un niño, tiene sentido que desarrollaras una fachada aparentemente feliz. (Esta es una de mis fachadas menos preferidas. La gente que se siente satisfecha en su interior no tiene la necesidad de estar sonriendo todo el tiempo). Un comportamiento que incorporaste cuando niño será apropiado en ciertas situaciones. Sin embargo, si ese comportamiento se ha convertido en un hábito, podría interferir con tu excitación, tu espontaneidad y tu potencial para vivir creativamente. La calidad de tu vida puede verse afectada dramáticamente.

Los gremlins que he conocido han creado amenazas catastróficas, atemorizantes y sumamente personalizadas para aterrorizar y tentar las almas con las que trabajan. Algunas frases usadas por los gremlins que he conocido incluyen: Si te arriesgas a cambiar...

perderás amigos;
vas a fallar;
te equivocarás;
serás pobre;
serás rechazado;
estarás avergonzado.

Y muchas, muchas más. Vistos de cerca, estos miedos son las versiones suaves derivadas de un mito muy ominoso y poderoso de los gremlins:

**Si no haces las cosas como tu gremlin
quiere, terminarás solo o bajo enormes
dolores físicos o emocionales o muerto.**

Tu gremlin no es el lindo y pequeño personaje que parece ser en un principio. Él sabe lo que hace. Aún así recuerda las buenas noticias: puedes volverlo completamente impotente al practicar el Método para domar gremlins:

**Simplemente notarlo.
Elegir y jugar con opciones.
Estar en proceso.**

Espero que no te impongas a ti mismo la regla de que *deberías* cambiar tus viejos hábitos. Una nueva regla no es más que un nuevo hábito. Adopta un espíritu de aventura. Experimenta con el cambio de vez en cuando, si quieres, pero más importante que esto, *simplemente nota* tus patrones habituales de comportamiento para responder a tus emociones, a la gente y a las circunstancias. Estos hábitos se basan en *conceptos*.

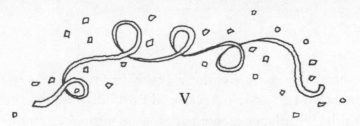

SIMPLEMENTE NOTA
TUS CONCEPTOS

Tu autoconcepto

Tu autoconcepto tiene fallas y es autolimitante por una simple razón: tú eres más que un concepto.

Frecuentemente conozco personas que no son felices porque no están viviendo según el concepto de quienes se supone que son o de quienes imaginan que deben ser. Algunos se juzgan a sí mismos como demasiado pasivos, otros como demasiado tristes, otros como demasiado codiciosos, etcétera. Incluso he conocido gente tan infeliz con quienes piensan que son que tratan de deshacerse de sí mismos. Algunas veces lo intentan físicamente y otras veces lo hacen creando nuevos conceptos sobre cómo y quiénes quieren ser. He conocido gente que trata de encajar en un autoconcepto tras otro. Ese es un camino seguro hacia la insatisfacción. Romper con estos conceptos es una poderosa herramienta cuando se trata de domar gremlins.

En mi trabajo con familias, he notado que el crecimiento personal y disfrútela felicidad comienzan a emerger rápidamente una vez que los miembros de la familia comienzan a reconocer que su estilo de ser cuando están juntos no tiene que parecerse al estilo de ninguna otra familia. El placer comienza el momento en el que los miembros de la familia comienzan a ver claramente la rigidez de sus conceptos y expectativas sobre sí mismos, sobre cada uno y sobre la familia como unidad. Entonces, se encuentran al fin libres para jugar con su creatividad y concentrarse en la meta de desarrollar una mini-sociedad dinámica y armónica, acorde con sus personalidades y deseos particulares. Lo mismo aplica para los individuos.

Cuando una persona se emociona acerca de lo que realmente es, en lugar de convencerse a sí misma de lo que debe ser, emerge una profunda satisfacción interna.

La verdadera satisfacción y felicidad tienen más que ver con actualizarte a ti mismo que con actualizar tu concepto de quién supones que debes ser.

Es decir, la verdadera felicidad no es lo mismo que poner en orden tu vida. Sentirse bien es un producto de darte cuenta de quién eres debajo de tu acto o actos.

Actos

Todos somos, hasta cierto punto, actores. Actuamos para obtener lo que queremos y necesitamos del mundo. Nuestros actos son con frecuencia un resultado de los miedos que nuestro gremlin nos ha inculcado. Nuestros actos o personajes son muy personales, porque incorporan nuestros hábitos y conceptos en toda su complejidad. A medida que te vuelvas consciente de los actos personales que has creado, te volverás consciente también de que has creado una audiencia imaginaria.

En tu audiencia, sentado en el centro de la primera fila, estará tu crítico más poderoso: tu gremlin. Él puede representar un compuesto de los juicios de valor hechos por otras personas en tu audiencia imaginaria. Tu audiencia podría incluir a tu madre, tu padre, jefe, amigos, enemigos, colegas o alguien por quien sientes o sentiste necesidad de competir. En suma, tu audiencia está compuesta por aquellos a quienes has permitido tener influencia en tus acciones y sentimientos. Algunas veces recibirás ovaciones de los críticos y aplausos de la audiencia. Como resultado, te sentirás muy bien. En otras ocasiones, la respuesta de tus críticos te desalentará. Incluso si te conviertes en un actor muy bueno, si estás desmesuradamente atado a tu personaje, notarás que te sentirás vacío la mayor parte del tiempo, porque te darás cuenta de que las ovaciones de

los críticos y los aplausos atronadores de la audiencia se ofrecen como respuesta a tu acto más que hacia el tú natural.

Podrías haber creado una fachada que tenga mucha aceptación. Podrías tener uno o varios papeles que los otros amen. ¿Pero cuánto del tú real hay debajo y detrás del personaje? ¿Alguna vez eres visto, escuchado, tocado? Porque una buena actuación podría darte lo que quieres por un tiempo, ya sea la aclamación de los críticos que mencioné antes, alta autoestima o una recompensa monetaria, he dedicado parte de este capítulo al «acto de la persona agradable». Como sea, déjame simplemente recordarte que tú *no* eres tu acto, y que cambiar de un acto a otro no implica crecimiento personal cualitativo o sentirte mejor sobre ti mismo. Podrías engañar a algunas personas, incluso a la mayoría de ellas, pero no te engañarás a ti mismo.

Tú no eres tu personaje

Entre los personajes que he visto en los últimos años están: súper ejecutivo, el buen salvaje, mamita (o papito) sexy, vaquero urbano, puritano pío, el rockero, *groupie* musical, *groupie* del crecimiento personal, damisela en apuros, macho y hombre sensible.

Piensa en tres personas que te gustaría que tuvieran una buena impresión de ti. Elije a alguien que te conozca bien, como un miembro de tu familia; alguien a quien sólo conozcas superficialmente pero a quien respetes y cuyo respeto te gustaría tener; y alguien con quien tu nivel de familiaridad caiga en algún punto entre los

dos anteriores. Anota sus nombres. Imagina a estas tres personas teniendo una conversación sobre ti mientras tú no estás presente: una conversación en la que ellos dicen toda la verdad con respecto a sus experiencias contigo. Lo están haciendo ahora. ¿Qué imaginas que dirían? Relájate y reflexiona sobre esto, escribiendo frases o palabras clave.

Ahora pregúntate: ¿Qué te *gustaría* que estas personas pensaran, sintieran y dijeran acerca de ti en una conversación casual? Podrías aprender algo sobre tu acto al anotar tus respuestas.

Ahora evalúa tu actuación. En una escala del 1 al 10 (siendo 10 lo más alto), ¿cómo crees que te va con cada una

de las personas listadas arriba? ¿Alguna cosa que quisieras cambiar en la manera en que te relacionas con cada uno de ellos? Si es así, ¿qué sería? No tengas vergüenza. No hay nada malo con un buen acto. Recuerda, desarrollaste tu(s) acto(s) por razones perfectamente lógicas: para obtener lo que querías y lo que creíste que necesitabas.

Tu acto podría funcionar de manera soberbia o ser estrepitosamente pésimo. La tarea importante para ti es volverte consciente de que un acto es sólo un acto y que no hay que no confundirlo con el tú natural.

**El alma no puede descansar mien-
tras la identidad la niegue.**

Algunos de mis clientes incluso han dado nombre a sus actos o personajes más familiares. He conocido a Lash LaRue, la Reina Roja; Clark Kent, el reportero amable; hermana María la perfecta; paloma de la paz; amor suspiro; bendita Madre Tierra; músculos; señor exitoso; hermano relajado y muchos otros. Actuar puede ser divertido. No hay nada malo con desarrollar un acto. Pero dejar que tu gremlin te convenza de pensar que eres o deberías ser tu acto resultará en que te sientas ansioso y vacío durante esos momentos cuando tu actuación sea deficiente. La dura verdad es que tu personaje es tan transparente como los de los demás.

Tarde o temprano decepcionarás a tu gremlin y a aquéllos cuyo aplauso buscas. Cuando lo hagas, si estás muy identificado con tu acto, se va a notar y tu gremlin estará en su apogeo. No será algo que disfrutes, y dado que tu vida es un regalo, sería una pena no disfrutarla.

Actos y relaciones

Los chicos malos de mi preparatoria tenían corte militar, frentes bajas, grandes cuellos y jugaban en la liga colegial de fútbol. Yo tenía el cabello ondulado, la frente alta, un gran cuello y entré al equipo colegial de fútbol por un pelo de rana calva. Pero mi cuello no se hizo grande por trabajar en una granja o a causa de la genética. Lo tuve así porque ordené pesas para el cuello y entrené como loco en un intento de abandonar mi estado natural semi-endomórfico y entrar en el rango de los chicos malos de modo que, al igual que ellos, pudiera pavonearme a través de los pasillos con una linda porrista de cabello rubio de mi brazo, o aún mejor, con ayuda del destino, abrazar su suave y tibio cuerpo junto al mío. Para mi penúltimo año había desarrollado un disfraz bastante decente de chico malo, saliendo, entre otras, con Sally, nuestra porrista líder.

La primera vez que me fijé en Sally fue en una convención de animadoras. Ella saltó por los aires y, mientras lo hacía, le eché un vistazo a sus pantaletas de porrista, rojas y brillantes. En ese momento, un trueno salió disparado directamente de las pantaletas de Sally hacia mis glóbulos oculares y hacia mi entrepierna con tal fuerza que tuve que desfajarme la camisa para no parecer demasiado obvio. Me volví loco por Sally. Ella se convirtió en el foco de mi existencia. Vivía para ver a Sally caminar, para tocarla, besarla, para oler su perfume y meter mi lengua inquieta en su pequeña y exquisita oreja. Luego, después de nuestra tercera cita, experimenté una nueva gama de sensaciones. Me comenzó a *gustar* Sally. A gustar de verdad. Incluso me gustaba su perspicacia y la sabiduría con la que hablaba. Me habían gustado chicas antes, pero tanta atracción y lujuria me ponían en shock. Me gustaba todo de Sally, una reacción para la que estaba totalmente desprevenido. Me arrolló. Sabía muy bien cómo besar los labios de una chica, tomar su mano y acariciar su cabello; en otras palabras, sabía qué hacer con las partes de una chica. Pero no tenía ni la menor idea de qué hacer con una chica completa. Así que, mientras estaba con ella, me dedicaba a presumir mi cuello.

Sally consumió todos mis pensamientos por seis meses. Yo consumí los suyos por unas seis semanas. Recuerdo el día que sus sentimientos parecieron cambiar.

Ella estaba en el porche delantero de su casa y yo estaba a unos tres metros, en el camino que iba de su porche hacia la banqueta donde estaba estacionado mi Ford 1955 rosa y blanco. Tenía modificada la suspensión, estaba pintado a rayas y tenía una araña pintada en el tablero. Debía ser un día caliente, porque Sally usaba unos shorts y recuerdo haber mirado con lujuria sus hermosos, tan acariciables, suaves y sedosos muslos, lo que sólo aumentó aún más mi temperatura.

Ahí estaba yo, bebiéndome a Sally con los ojos, mi testosterona subiendo rampante. Traté de verme relajado mientras presumía mi cuello. Lo tensioné mucho. No era músculo de primera clase, pero no era muy pequeño tampoco. Aunque seguramente se veía pequeño comparado con mis bíceps; podía hacer que mi bíceps izquierdo se viera como un jamón de Navidad al sacarlo por la ventana del conductor en mi Ford. Lo sé porque solía conducir lentamente frente a las ventanas de los aparadores para verlo.

Me quedé ahí, frente a Sally, con mis pulgares colgando de los bolsillos de mis pantalones y mis hombros encogidos hacia el frente en un intento de darle una máxima expansión a mi cuello y parecer despreocupado al mismo tiempo. Gran pose. Gran acto. Y entonces, ¡kaboom! De la nada, me desarmó. Un golpe directo a mi presunción. Sally me miró, perpleja, y preguntó: «¿Por qué te paras así?».

Mi respiración se detuvo. ¿Cómo sabía ella que me paraba «así»? ¿Era tan transparente? Creía que me veía fresco como una lechuga, muscular, *cool*, incluso rudo. ¿Ella sabía que estaba fingiendo? ¿Podría saber que estaba presumiendo mi cuello hasta el punto de la parálisis inminente?

Ahí estaba yo, paralizado como un venado frente a las luces de un auto. Contuve mi aliento. ¿Qué podía decir? «¿Oh, sólo estoy flexionando mi cuello y tratando de actuar como un chico malo para que me dejes meter la lengua en tu oreja de nuevo?» Así que mantuve mi pose. Tensión total. Mis axilas comenzaron a gotear y podía sentir los músculos de mi cuello hechos nudo.

«¿Así, cómo?», balbuceaba, moviendo la cabeza de arriba abajo, fingiendo una mirada de «¿Qué clase de pregunta estúpida es esa?».

«Así, Rick. Te paras gracioso. Te ves como tenso, o algo», dijo. Trataba de verme imperturbable, despreocupado, incluso intensamente sombrío, como Marlon Brando en *Nido de ratas*. Seguí moviendo mi cabeza de arriba abajo, de un lado a otro por un tiempo, hacia los lados, luego hacia el cielo y de vuelta a ella. Una estratagema. Mi enfermizo intento de desacreditar su noción de que yo fuera cualquier otra cosa menos natural. Entonces nuestros ojos se encontraron: el momento de la verdad. No podía engañarla.

Avergonzado y en pánico, me congelé. Mis gónadas se encogieron, buscando refugio. Mi papel de chico malo estaba amenazado. Mi hombría estaba en la tabla de ejecuciones y Sally tenía el hacha. Era momento de luchar, huir o confesarlo todo. Confesarlo todo no era una opción. Suspiré, lancé mi cabeza hacia atrás y entorné los ojos.

Funcionó para Brando, podría funcionar para mí. «Debo irme», dije. Entonces me di la vuelta y me dirigí lentamente hacia mi auto. Fue una caminata larguísima.

Caminar tratando de parecer relajado mientras se tensa el cuello con fuerza es todo un arte. Abrir la puerta del auto, subirse y encenderlo mientras seguimos tensando requiere una concentración poco común.

Después de eso las cosas nunca volvieron a ser iguales entre Sally y yo. Ella había visto justo a través de mí, probablemente no por primera vez, pero sí por primera vez me percaté yo de que ella veía a través de mí. No pude soportarlo. ¿Y si se daba cuenta de que sólo era un chico torpe y asustadizo de dieciséis años envuelto en un traje de músculo con grandes bíceps y un cuello tenso? ¿Y si se daba cuenta de que no era para nada un chico malo? Así que desde entonces me tensaba más y más cuando estaba con Sally. No sólo mi cuello, sino con toda mi psique. Antes de que un comentario abandonara mis labios, le quitaba cualquier asomo de suavidad o educación. Pienso que incluso fui maleducado algunas veces. Y recuerden que ella me gustaba, en serio me gustaba.

Pronto dejó de ser divertido tanto para mí como para ella. Flexionaba tan fuerte que el amor y la atracción en mi corazón se hicieron nudos. No podía salir. En poco tiempo desaparecí de la vida de Sally y ella de la mía. Las relaciones son un infierno cuando estás tensándote todo el tiempo.

Aconsejo a mucha gente involucrada en relaciones que son importantes para ellos. He notado que con frecuencia las relaciones comienzan con un acuerdo tácito entre dos personas que suena más o menos así:

**Prometo ayudarte a convencerte a ti mismo
de que eres lo que piensas que eres, si tú
prometes hacer lo mismo por mí.**

Actores y actrices tienden a buscarse unos a otros para actuar juntos. Raramente dicen en voz alta que esto es lo que están haciendo, pero así es. He visto muchas variaciones del tema «caballero en armadura brillante conoce a damisela en apuros». Generalmente la primera escena es genial, pero la cosa se vuelve incómodamente intensa cuando uno o el otro se cansa de actuar o ve a través del acto del otro.

Cuando esto ocurre hay decepción, resentimiento y se está a la defensiva sobre el deterioro del propio acto o del acto de nuestra pareja. A medida que emergen la ansiedad y el enojo, hay potencial para un gran conflicto e incluso para que la relación termine. Los gremlins de ambas partes atacan con toda su fuerza, reforzando ese miedo al abandono, dolor y muerte del que hablé antes. El diálogo del gremlin podría tener un dejo defensivo:

- Ella/él te está deteniendo.
- Ella/él es muy difícil de complacer.
- Ella/él es poco razonable.
- Ella/él ya no es la persona
  con la que te casaste.

- Ella/él no te da el apoyo
emocional que necesitas.
- «Ella/él es demasiado dependiente».

O un tono autocrítico:

- Ella/él merece más de lo que puedes darle.
- Eres tan tonto(a).
- Deberías ser más fuerte.
- Deberías ser menos egoísta.
- Nunca valdrás nada.

Lo bueno es que dentro de esta pegajosa intensidad existe una maravillosa oportunidad para que dos personas vean sus actos como meros *actos*, y para comenzar a establecer una relación basada en el mutuo deseo de ser íntimos y, consecuentemente, de dejar que sus seres naturales se conozcan, se toquen y comiencen a bailar.

La intimidad requiere de la habilidad para compartir al *tú natural* con el otro y para experimentar el *ser natural* de él o ella. No puede haber intimidad con el otro mientras el contacto con él o ella sea interferido por tu personaje. Dejar que salga el tú natural y sea experimentado por el otro implica permitir que tu cuerpo, tu voz, tus expresiones faciales y tus palabras te expresen a ti mismo, en lugar de que lo hagan con tu personaje, tu autoconcepto o tus hábitos. Deshacerse de estas barreras te deja expuesto (lo cual puede dar miedo) y disponible para el amor y la felicidad (lo que es emocionante). La emoción generalmente está debajo del miedo, y la emoción es un prerrequisito para disfrutar de ti mismo.

El acto de la persona agradable

Actuar puede ser divertido mientras entiendas claramente que tú no eres tu personaje. Una buena actuación puede darte un poco de suerte, ayudarte a ganar amigos y ayudar a ganarte la vida. Algunas de las personas más serias que conozco tienen buenos actos. Así que, *por favor*, si te pones a actuar, ¡disfrútalo! Solamente no te tomes muy en serio tu actuación. Te arriesgas a un sentimiento de verdadero vacío si lo haces. Actuar debería pensarse como algo práctico, como experimentación, como diversión; incluso como una manipulación bien planeada, como pretensión consciente o como entretenimiento. Algunos actos, por supuesto, son mejores que otros. Te servirá mucho más elegir un acto que sea consistente con el tú natural.

El «acto de la persona agradable» es una de las más populares. Le he preguntado a varios de mis clientes, estudiantes y colegas acerca de esta rutina. Todos estaban conscientes de ella y algunos la habían utilizado como base para crear su propio estilo de interpretación. Me sorprendió el nivel de acuerdo que encontré entre los consultados sobre los atributos esenciales del acto de la persona agradable. Aquí van:

- Escucha más de lo que hablas.
- Habla con suavidad, pero que se escuche.

- No te repitas a ti mismo.
- No uses más palabras de las necesarias.
- Haz contacto visual sin incomodar.
- Presta atención a lo que ves.
- No te muerdas el bigote (o el de alguien más).
- Lávate los dientes al menos dos veces al día.
- No hagas ruidos al respirar.
- Respira profunda pero no pesadamente.
- No comas cebolla ni ajo antes de una cita.
- Vístete con ropa que te siente y te haga sentir bien.
- Siéntate derecho pero no rígido.
- No presumas.
- Sé amigable.
- Estrecha la mano firmemente pero sin sobreactuar.
- Reconoce verbalmente tu incomodidad cuando la notes.
- Reconoce verbalmente tu falta de entendimiento cuando seas consciente de ello.
- Haz preguntas y reflexiona las respuestas.
- Sé amable con los animales.
- No te repitas a ti mismo.
- Busca cosas agradables y haz comentarios al respecto.
- Mantén tu cabello y cuerpo limpios.
- Haz una lista diaria de cosas por hacer.
- No hagas dos de ellas.
- Haz el resto.
- Ejercítate varias veces a la semana.

- Cuando converses con un niño, ponte al nivel de sus ojos.
- No esperes que los niños actúen como adultos.
- No llames a la gente con apodos.
- No hables mal de la gente a sus espaldas.
- Frente a un tercero, di algo bueno acerca de alguien más.
- Mantén relajado tu cuerpo.
- No fuerces la sonrisa.
- No interrumpas.
- Ve lentamente.
- Usa muchas oraciones simples.
- No te repitas a ti mismo.
- No uses siempre un mismo tono al hablar.
- Usa correctamente la gramática.
- Sé respetuoso con tus mayores, sin excepción.
- Cuando la gente te visite, haz que se sientan cómodos.
- No uses demasiada colonia o perfume.
- Respeta tus acuerdos.
- Respeta los hábitos de otras culturas.
- Haz más que tu propia parte por mantener limpio el planeta.
- Mantén una temperatura agradable en tu hogar.
- Levántate temprano.
- No te limpies los dientes en público.
- Cúbrete la boca cuando tosas.
- Deja las cosas como las encontraste.
- Recuerda los nombres de la gente que conoces.

- No hagas chistes raciales o étnicos.
- Pide clara y explícitamente lo que quieres.
- Asume la responsabilidad de ser comprendido claramente.
- Escucha con atención lo que otros tienen que decir.
- Busca clarificación cuando no entiendas algo.
- Escribe legiblemente.
- No hagas preguntas retóricas.
- No comas de más.
- Trata de estar aprendiendo siempre algo nuevo.
- Acepta lo obvio.
- Cambia tu rutina una vez a la semana.
- Cambia esta rutina de vez en cuando.
- Limita tu consumo de azúcar sin obsesionarte con ello.
- Deja de tratar de ser algo especial.
- No fumes.
- No te pongas evidentemente borracho.
- No lastimes físicamente a ningún ser vivo.
- En medio de un diálogo, ponte en contacto con esa parte de ti que es curiosa pero no intrusiva, recordando que la vida real es mucho más interesante que la televisión.
- No comas ansias por verbalizar una situación paralela basada en tu propia experiencia.
- No finjas tu alegría al punto de ser hipócrita.
- No dejes que tu tristeza te convierta en un ogro con el que nadie quiere estar.
- No uses demasiado gel para el cabello.
- No te repitas a ti mismo.

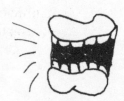

- _____.
- _____.
- _____.

He dejado algunos espacios en blanco para que coloques tus propias nociones relevantes sobre el acto de la persona agradable. Tal vez quieras usar esta información como base para aterrizar tu propio acto, así que asegúrate que lo que escribas refleje tus elecciones conscientes y no los _deberías_ de tu gremlin, o tus miedos.

Recuerda, tú no eres tu personaje.

Conceptos y su porqué

Probablemente tienes conceptos no sólo sobre ti mismo sino también sobre otras personas, procesos y relaciones. En la doma de gremlins es valioso conocer la diferencia entre estos conceptos y las cosas que los conceptos representan. Como mencioné en el prefacio de este libro: «La palabra no es la cosa, ni la descripción es lo descrito». O dicho de manera más simple, y no necesitas aplaudir mi originalidad: «No existe sustituto para la experiencia». Tu propia experiencia.

Si tu boca estuviera seca y tu garganta cerrada, yo podría decir la palabra «agua» durante siglos y tu boca se mantendría seca y tu garganta, cerrada. Podría leerte la definición de agua del diccionario y aún tendrías sed. Podría incluso describirte las propiedades físicas del agua y tu sed se mantendría sin saciar. Pero probar al menos un poco de la cosa real que llamamos «agua» podría ayudarte a aliviar tu sed incluso si eres incapaz de pronunciar la palabra *agua*, incluso incapaz de definirla. Esta misma analogía es cierta para cualquier objeto, proceso y relación y es relevante para el proceso de domar a tu gremlin.

A medida que mejores tu habilidad para centrarte a ti mismo y *simplemente notarlo*, y a medida que continúes practicando, te volverás más y más consciente del uso que tu gremlin hace de los conceptos. Los conceptos pueden volverse convicciones hipnóticas que actúan como un velo entre tu esencia y el mundo como realmente es. Es por eso que tu gremlin los usa.

El contacto directo con la riqueza de tu experiencia del momento actual te lleva a la emoción. La emoción es un requisito para experimentar la intensidad de la existencia. La falta de contacto, con el tiempo, te llevará al aburrimiento, y el aburrimiento no es sino una forma de sofocarte a ti mismo: algo que tu gremlin adora que hagas.

A medida que empieces a diferenciarte de tu gremlin, encontrarás más y más fácil *simplemente notar* el velo de tus conceptos. Por el amor de Dios, no trates de deshacerte de ellos o de discutirlos con tu gremlin. Forcejear con tu gremlin es un gran error, incluso por una causa noble.

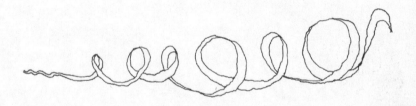

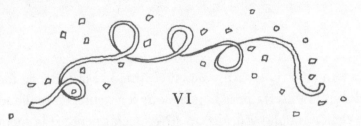

VI

TEN CUIDADO DE FORCEJEAR
CON TU GREMLIN

I NVOLUCRARTE EN DISCUSIONES INTELECTUALES O peleas con tu gremlin es prestarle demasiada atención. Este puede ser un error costoso.

Tu gremlin es como arena movediza: quiere que te relaciones con él, pero cada grado de involucramiento te lleva a comprometerte aún más. Tu gremlin es pegajoso y mientras más pelees con él, más atascado quedarás en sus porquerías depresivas.

Si luchas con él, eventualmente te sentirás ansioso, frustrado y cansado de todo lo que esto implica (no importa cuál sea el tema). Querrás dejar todo el asunto de lado, pero tu gremlin no te lo permitirá.

Él hará que creas que si continúas analizando la situación, eventualmente encontrarás una manera de salir del atolladero. Es cruel. Un ejemplo rápido y común de cómo el pelear con tu gremlin puede traerte problemas, tiene que ver con los celos.

En mi experiencia como consejero de parejas he encontrado cientos de esposos y esposas celosas. Los celos, como cualquier proceso humano, no son ni buenos ni malos de manera inherente. Aun así, si el único resultado de los celos es la miseria para la gente que los siente, en realidad no tienen mucho sentido, ¿o sí? Especialmente si la meta de uno es sentirse bien, disfrutar de sí mismo. Mucha de la gente celosa que aconsejo se muestra incómoda con sus celos por un lado, pero también estimulada por ellos.

Recientemente estuve viendo a una pareja que se amaba mucho. Llamémoslos John y Sarah. John estaba muy molesto, casi angustiado, porque su esposa le dijo que uno de sus mutuos amigos le parecía «sexy». Eso es todo lo que dijo. El comentario parecía ser inocente, incluso para John. Pero el gremlin de John tomó el control. Su gremlin lo torturó con imágenes de su esposa siendo atraída hacia el otro más que hacia él, haciendo el amor con ese hombre, abandonándolo. A medida que John comenzó a abrirse conmigo, compartió que en una ocasión fantaseó con encontrar a su esposa en un encuentro romántico con el hombre. Eventualmente se dio cuenta, y lo compartió conmigo, de que encontraba la idea estimulante de algún modo. No lo hacía feliz, pero lo estimulaba, como al rascarse una comezón. Y así es como ocurre con los gremlins.

Los gremlins hacen su mejor esfuerzo para que nos conformemos con pequeños brillos en lugar de con la plenitud entera, rica y feliz. John le dio vueltas al asunto sobre su esposa y sus intenciones. En una de nuestras sesiones conjuntas, incluso habló con ella sobre sus sentimientos, y compartió sus miedos y fantasías. Ella le dio toda la seguridad que una persona podría darle a otra, e intelectualmente él le creyó. Sin embargo, en los siguientes días, su gremlin siguió reintroduciendo fantasías y preguntas perturbadoras.

John trató una y otra vez de resolver lo que pensaba sobre la cuestión, e incluso discutió el asunto muchas veces con su esposa. Algunas veces podía convencerse a sí mismo de la fidelidad de su esposa. Era capaz de ver la miseria que su gremlin estaba perpetuando en su interior y entre él y su esposa. Ambos estaban hartos y cansados de toda la situación, pero John aún se sentía impelido a pensar al respecto. Se volvió irritable con Sarah y sus discusiones sobre el asunto comenzaron a sentirse más como interrogatorios. John sabía que lo que hacía erosionaba su relación, pero simplemente no podía detenerse. En una de nuestras sesiones, comparó su experiencia a la de ver una película sexy y ligeramente violenta. No tenía sentimientos amorosos a medida que atravesaba la montaña de hechos y fantasías que su gremlin le ponía enfrente, pero se sentía irresistiblemente estimulado por ellos.

Tu gremlin sabe cómo ganar tu atención y creará películas en tu cabeza que se ajusten a tus vulnerabilidades. Podrían ser sexys, tristes, violentas, aterradoras o incluso hermosos cuentos de hadas, pero estarán hechas para capturar y retener tu atención. Te encontrarás muriendo por saber el final de la película y olvidando que el único final real es dejar el cine o no tomarse la película tan en serio. Después de todo es sólo una película.

El problema de todo esta situación no era la relación de Sarah con un hombre sexy o incluso la relación de John con Sarah. La relación tóxica era la de John con su gremlin. John le estaba prestando demasiada atención

a su gremlin. En vez de simplemente notarlo y escuchar su cháchara, estaba considerando seriamente lo que el gremlin tenía que decir y esperaba desaprobarlo. Estaba forcejeando con él.

John continuamente volvía sobre los hechos, fantasías y preguntas de su gremlin, esperando poder procesar todo el asunto y llegar a una conclusión pacífica y duradera. Una idea mucho mejor hubiera sido utilizar el primer paso del Método para domar gremlins: respirar, relajarse y simplemente notar la cháchara de su gremlin sin involucrarse en ella. Incluso pudo haber elegido forcejear con él durante un rato. La palabra clave aquí es *elegir*.

Elegir forcejear con tu gremlin es muy distinto a ser arrastrado inconscientemente a participar con él en una lucha que generará miseria. Cuando tú forcejeas por elección, retienes algo de control sobre la pelea. Incluso al elegirlo, forcejear con tu gremlin siempre es arriesgado. Los gremlins son tenaces y una vez que te han involucrado con ellos es difícil escapar. Por esta razón, recomiendo que cuando elijas forcejear con él lo hagas sólo por unos pocos segundos o minutos cada vez y sólo después de marcar un límite de tiempo preciso para la pelea. Asegúrate de terminar dentro de ese período de tiempo. De uno a cinco minutos es normalmente más que suficiente para forcejear. Una vez que fijes el límite de tiempo, entra ahí y forcejea todo lo que gustes. Vuélvete loco. Fantasea, analiza, rumia, obsesiónate, excítate, lastímate, decepciónate, desanímate; ponte feliz, emocionado, asustado, lo que sea: durante unos minutos. Luego detente, céntrate a ti mismo y usa tu mantra «Estoy domando a mi gremlin». Recuerda ese lugar especial detrás de tu corazón y piensa en tu respiración pasando sobre él y rozándolo delicadamente.

Tu gremlin es eficiente en crear «casas de los espejos» cerebrales. Aunque en alguna rara ocasión te las arregles para acomodar los conceptos en tu cabeza para hacerte sentir que conseguiste una victoria intelectual sobre tu gremlin, te aseguro que esto no durará. Luego de unos minutos, o en el mejor de los casos algunos días, él traerá todo el asunto de vuelta y te encontrarás luchando desesperadamente para resolver el asunto de nuevo. Domar a tu gremlin no tiene nada que ver con discutir con él. Recuerda también que domar a tu gremlin no tiene nada

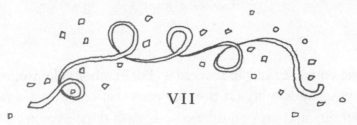

VII

LLEVANDO TUS HÁBITOS
Y CONCEPTOS A LA LUZ

COMPLETAR EL EJERCICIO que sigue te será de ayuda para obtener algunas pistas sobre los hábitos y conceptos que tu gremlin podría estar usando para confinarte. Simplemente relájate, respira y disfruta de ti mismo mientras juegas dentro del contexto del siguiente experimento. No es necesario trabajar sobre él o esforzarse.

Tu aturdimiento temprano

Permítete recordar por un momento la casa en la que viviste entre los tres y los siete años. Si viviste en más de una casa durante este tiempo, escoge aquella de la que tengas un sentimiento más cálido. Crea una especie de «mapa» dibujado de tu hogar (como si estuvieras sobre él, mirando hacia abajo). Si frases como «soy un terrible artista» u «odio dibujar» aparecen en tu cabeza, nótalas y déjalas ir. Estos son conceptos con los que tu gremlin te alimenta. Es tramposo. Simplemente relájate y dibuja tu casa como sea que la recuerdes. Por el amor del cielo, no te preocupes sobre las proporciones o el acabado. Como ejemplo aquí está un dibujo de la casa donde yo crecí:

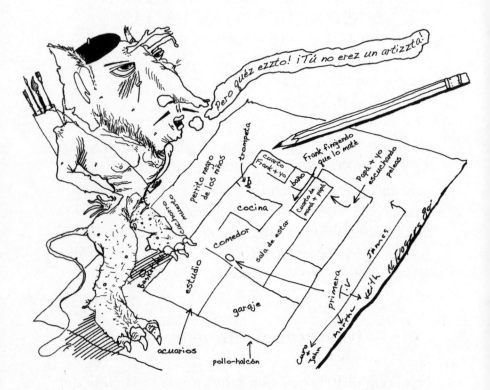

Ahora, sólo por un momento, permítete a ti mismo pensar en cada habitación de la casa. Anota palabras clave y dibuja símbolos en cada habitación, que sean relevantes a tus recuerdos de ellas.

Recuerda que esto sólo debe de tener sentido para ti, y recuerda también que no hay absolutamente ninguna manera de equivocarse. Disfruta el proceso. Probablemente te sorprenda cuánto o cuán poco recuerdas. Podrías rememorar cuadros colgados en las paredes, un dibujo en el entramado del piso o en el alfombrado, muebles o incluso el moho alrededor de ciertas puertas. Cuánto o cuán poco recuerdes no es de verdadera importancia. No es mejor recordar muchos detalles que recordar sólo unos pocos. Este no es un examen. Es un ejercicio, y se te ofrece para tu autoexploración y disfrute. Relájate. Ve despacio.

Permítete recordar cada cuarto. Podrían venir a tu mente aromas, un sentimiento general o incluso un color asociado a cada habitación. Probablemente te volverás consciente de las variaciones en tu experiencia física a medida que dejes que tu conciencia se mueva de cuarto en cuarto. Simplemente nota tus emociones y pensamientos cuando hagas esto, anotando algunas palabras o símbolos como recordatorio.

Por mi parte, en este momento estoy recordando la sensación de estar acostado junto a mi padre en la habitación principal. Estábamos escuchando una pelea de box en la radio. Recuerdo qué bien olía mi padre y qué cálida era su pijama de franela mientras estaba recostado junto a él. Creo que Ezzard Charles estaba boxeando. No creo haber pensado en esta experiencia antes, pero en este momento me parece sumamente placentera. Estaba muy feliz ahí, junto a él.

Mientras viviste en la casa que has dibujado, tuviste un enorme número de experiencias, y de estas experiencias formaste muchas ideas sobre quién eres, sobre las relaciones y sobre la naturaleza de la existencia. El aprendizaje basado en la experiencia se fija profundamente. Es como si el aprendizaje estuviera en nuestros huesos en vez de solamente en nuestro intelecto. Muchas veces nuestro aprendizaje experiencial y las creencias que formamos como resultado de él están fuera de nuestra consciencia. Son de tal modo parte de nosotros que tomar distancia y mirarlos objetivamente es difícil, aunque nos afecten día tras día en cualquier situación concebible.

De manera que te vuelvas un poco más consciente sobre las creencias y hábitos que formaste viviendo en esta casa, he incluido más abajo algunos puntos a los que puedes responder. Relájate mientras lees cada punto y sé honesto contigo mismo. Responde a estos puntos basado en lo que viste y escuchaste, no en lo que te hayan dicho.

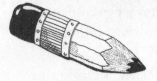

De lo que experimentaste en esta casa, qué aprendiste acerca de:

Expresar el amor _____

_____

Contacto físico tal como abrazarse y besarse __

_____

Cómo se maneja el enojo _____

_____

Cómo se toman las decisiones _____

_____

Expresar la tristeza _____

_____

Expresar la alegría _____

_____

La confianza _____
_____

La honestidad _____
_____

Cómo son los hombres _____
_____

Cómo son las mujeres _____
_____

Qué tan listo eres _____
_____

Qué tan capaz eres como líder _____
_____

Sobre tus habilidades atléticas _____
_____

Sobre tus habilidades creativas _____
_____

Qué tan querible eres _____
_____

Qué tan agradable eres _____
_____

Qué tan atractivo eres _____
_____

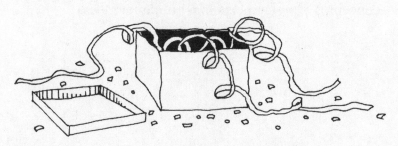

Observa de nuevo todas tus respuestas a los puntos anteriores y considéralos como representativos de algunos de los conceptos con los cuáles has tendido a dirigir tu vida. Mientras observas cada uno de estos aprendizajes, podrías preguntarte «¿Aún llevo mi vida de acuerdo a estas ideas?». Si es así, podrías preguntarte «¿Aún tienen valor estos aprendizajes en mi vida actual? ¿Toman en cuenta quién soy ahora? ¿Es este aprendizaje uno que he ido alterando en el tiempo? ¿Es este aprendizaje uno que deseo reconsiderar de aquí en adelante?».

Para contestar estas preguntas llevemos nuestro experimento un poco más lejos. Los siguientes espacios en blanco te ayudarán a volverte consciente de algunos de los conceptos de ti mismo *dentro* de los cuales aún podrías estar viviendo.

Usa pensamientos de primer nivel para responderlos. Este tipo de pensamientos son el proceso de reflexionar sobre cualquier tema dado durante algunas respiraciones completas y sencillas. Es una alternativa superior para no detenerse y preocuparse, y algunas veces es más eficiente que un profundo pensamiento analítico. Los pensamientos de primer nivel involucran tu habilidad innata para salir adelante con información útil de manera rápida y sin esfuerzo, y son especialmente valiosos en el aprendizaje de ti mismo y en ponerte en contacto con tus emociones, conceptos y preferencias más fundamentales.

Qué piensas tú de ti

Simplemente realiza un par de respiraciones claras mientras le permites a tu mente enfocarse en cada uno de los puntos siguientes. Confía en tu pensamiento de primer nivel. Tus respuestas son sólo para ti y sólo necesitan ser ciertas para tu *aquí* y *ahora*. Sé honesto. Es importante estar centrado y relajado para darle a esta actividad lo mejor de ti. Recuerda lo que has aprendido sobre elegir, y si no te entusiasma responder estos puntos ahora, no lo hagas. Cuando estés listo, trae papel y algo con qué escribir y sumérgete en esta experiencia.

Soy increíblemente _____.
Soy un malísimo _____.
Soy _____ inteligente.
Tengo habilidad para _____.
Soy extremadamente bueno en_____.
Soy un_____ atleta.
La mayoría de la gente que me conoce bien piensa que soy _____.
Nunca aprenderé a _____.
Soy medianamente capaz en _____.

Quédate con lo que te llegue primero. No discutas, sólo nótalo y anótalo. Cada respuesta que estás anotando es una idea. Eso es todo: una idea, un concepto, una creencia, una imagen, un pedazo intangible de «blablablá». *Pero* es un pedazo intangible de «blablablá» que es poderosamente hipnótico, y que si permanece oculto en tu inconsciente, va a permear tu experiencia y dictar tu futuro. Las imágenes hipnóticas en tu mente predisponen tus reacciones a las experiencias de la vida. La auto-hipnosis es un proceso constante y perpetuo en los seres humanos, como respirar. Así que si tu deseo es convertirte en un jugador ejemplar en el juego de la vida, es hora de ponerse de pie, poner curso al vuelo y darte a ti mismo la gran oportunidad de ser lo mejor que puedes ser y de pasártelo tan bien como puedas. Una oportunidad basada en quién eres ahora, no en quién decidiste ser hace tiempo. Es tiempo de ser consciente de tus conceptos. Es tiempo de volverte consciente de tus convicciones hipnóticas.

Tus respuestas a los puntos anteriores y aquellas que seguirán te darán algunas pistas importantes sobre cómo podrías estar limitando o restringiendo tu placer y productividad. Continuemos.

Mi vida es _____.
Mi futuro será _____.
Preferiría ser _____.
Soy demasiado _____.

Vamos. Sé honesto. Es más importante confiar en tu pensamiento de primer nivel que pintar una linda escena.

Como amante soy _____.
Mi cuerpo es _____.
Mi salud es _____.
Soy _____ de ver.
Soy_____ próspero.

Al traer creencias prevalecientes sobre ti mismo a la atención de tu mente consciente tal como has hecho, ya has comenzado a disminuir su control hipnótico sobre ti. Recuerda la teoría zen del cambio de la que hablábamos:

> No me libero al tratar de ser libre, sino al simplemente notar cómo me aprisiono a mí mismo en el momento en que me aprisiono.

Cada vez que *simplemente notas* una de las tonadas menos positivas de tu gremlin, especialmente si lo haces *mientras la tonada está sonando*, puedes escucharla con un sentimiento de relajado desapego, incluso con humor, o puedes elegir responder. Esto le da la oportunidad al *tú natural* de evaluar el valor de la tonada en el contexto de la situación actual. No necesitas esforzarte por cambiar o perder tiempo rebuscando en tu pasado para encontrar el origen de la tonada. Sólo relájate y coloca tu atención en el mensaje. Realmente escúchalo. Súbele el volumen por algunos instantes. Escúchalo pero no lo tomes muy en serio. Hazlo algunas veces. Muy pronto el mensaje de la tonada comenzará a bajar de intensidad, si es falso, desfasado en el tiempo o simplemente ya no es benéfico para ti.

Tu gremlin te atacará con tácticas de miedo en forma de predicciones catastróficas y memorias dolorosas, en un esfuerzo por mantener en su lugar los hábitos y conceptos autolimitantes. Síguelo y te sentirás tonto por repetir los mismos comportamientos una y otra vez, triste por sentir que nadie conoce al verdadero *tú* o embotellado por censurar de más las expresiones verdaderas de tu ser.

El *tú natural*, por otro lado, es un maestro en modificar los pensamientos y tácticas autolimitantes y contraproductivas una vez que las reconozcas y logres sacar a tu gremlin de las sombras. Mientras más brillante sea la luz que proyectes sobre viejos temores, creencias anacrónicas y comportamientos habituales difíciles de manejar, mejor podrá el *tú natural, el observador,* ver la absurdidad en ellos.

Luego, cuando hablemos de jugar con opciones, exploraremos otras estrategias para acorralar a tu gremlin. Por ahora, debes saber esto:

**Simplemente notarlo
es una poderosa herramienta.**

Realidad y dualidad

A medida que comiences a notar tus hábitos y los conceptos en que éstos se basan, tu gremlin insistirá en que son necesarios para tu bienestar. Podría hacerlo tratando de hacer un alboroto y muchas demandas, tratando de aterrarte con catastróficas expectativas para el futuro, recordándote las horribles consecuencias de tus acciones en situaciones pasadas cuando no lo escuchaste o incluso colocando gentilmente su brazo alrededor tuyo y convenciéndote de que sólo tiene en mente lo mejor para ti. No importa cómo se presente a sí mismo: es tu gremlin y su visión de las cosas «como son» está fundamentada en fantasías. Cuídate de él. No es necesario *tratar* de ignorarlo o luchar contra él. Simplemente nótalo. Desde tu punto de vista ventajoso, cuando estás centrado, serás capaz de escuchar su parloteo. Escúchalo y piensa en él sólo como parloteo. Recuerda: forcejear con tu gremlin es perder contra él. En el momento en que comiences a pelear con tu gremlin estás en lo que llamo un «estado de dualidad».

Domar a tu gremlin requiere que estés en la realidad, no en la dualidad. Cuando estás en la realidad, tu energía fluye libremente a través de ti y está disponible para que la uses en tu relación con el mundo. Aquí hay una simple conceptualización de una persona sintiéndose plena y en la realidad, en lugar de estar en la dualidad:

Al sentir esta clase de plenitud estarás más sensible a tu entorno, incluyendo a la gente en él, y a tu cuerpo físico. Puedes percibir, amar, resolver problemas, crear e incluso pelear contando con tu potencial entero. Tienes toda tu energía disponible para ti en este estado, y en consecuencia puedes disfrutar con mayor plenitud esta vida. Por otro lado, cuando tu energía está atada por un conflicto interno, esto es, una dualidad, no tendrás mucha energía disponible para vivir y disfrutar tu cuerpo, tu vida y el mundo a tu alrededor.

En este estado del ser, te sentirás ansioso, contrariado, embotellado o vacío. En suma: no disfrutarás de ti mismo. Tu gremlin prefiere que estés en estado de dualidad. Aquí está una conceptualización de una persona en dualidad:

Permíteme recordarte que te hagas un favor y simplemente leas y disfrutes este libro. No trates, repito, no trates de entender nada. El tú real entiende lo que has leído. No es necesario analizar. Relájate y respira. Si te confundes o distraes, simplemente detente un momento.

Tips para simplemente notar a tu gremlin

Un gremlin no detectado puede crear asma, ataques de corazón, úlceras, colitis, jaquecas, dolores de espalda, neurosis, psicosis y cualquier otro mal que puedas imaginarte. Tú, sin embargo, no tienes nada de qué preocuparte siempre que seas capaz de *simplemente notarlo*. Sé muy específico acerca de notar cualquier tensión en tu cuerpo, pues esto será la clave de la presencia de un gremlin.

Si, por ejemplo, notas que tu respiración es poco profunda, presta atención a cuán poco profunda es exactamente. Si tu cuello está tenso, ¿cuáles son los músculos tensos? ¿Qué tan tenso está tu cuello? Si tienes una jaqueca, ¿qué tan profundo está el dolor en tu cráneo? ¿Cuáles son los parámetros del dolor? ¿Puedes imaginar un color que describa el dolor? ¿Qué color podría ser? *Simplemente nota* tu cuerpo y el efecto de tu gremlin en él. A medida que *simplemente notes*, estos efectos serán más y más evidentes, al igual que tu gremlin. Análisis, juicio y tentativas de cambio son innecesarios.

Durante los próximos días céntrate en los lugares en que la tensión se manifiesta en tu cuerpo. Nota tu mandíbula, hombros, cuello, cabeza, espalda, genitales y estómago. Nota el efecto de la tensión en tu respiración. Escucha el parloteo de tu gremlin cuando notes estos síntomas. Nota cómo tu gremlin te está asustando y lo que te está diciendo sobre ti. Haz brillar una poderosa luz sobre sus cavilaciones y sobre su abuso verbal, y toma la decisión de escucharlo por un periodo limitado de tiempo o de dirigir tu atención hacia otra parte.

Cuando tu gremlin realmente está trabajando sobre ti, te ensombrecerá de tal modo que sentirás que has sido absorbido por él. Durante esos momentos parecerá que tú eres él. Como tu gremlin, te sentirás santurrón, defensivo, codicioso e incluso directamente grosero. Tu

actitud hacia los otros será defensiva y manipuladora. Te tomará trabajo asegurarte de que nadie se aprovecha de ti. Tu cuerpo podría sentirse tenso, y esta tensión podría manifestarse en un ceño fruncido, un dolor de cabeza, un estómago revuelto o simplemente una ligera tensión. Tus pensamientos podrían volverse extremadamente rápidos. El poder con el que tu gremlin tratará de exprimir tu esencia y el tú natural será tan intenso que incluso podrías no notarlo, a menos que te permitas a ti mismo el tipo de autoconciencia que hemos practicado antes. Usa lo que has aprendido sobre centrarte a ti mismo.

Reflexiona y practica lo que estás aprendiendo. Recuerda:

- Respira.
- Céntrate a ti mismo.
- Usa tu mantra «Estoy domando a mi gremlin».

Nota dónde terminas tú y comienza todo lo demás: tu piel.

Establece el aquí y el ahora como base de operaciones desde la que harás brillar la luz de tu atención y conciencia.

Usa tu foco de atención para simplemente notar:

- Tu cuerpo.
- El mundo que te rodea.
- Tus hábitos.
- Tus conceptos.
- La cháchara de tu gremlin.

VIII

ELEGIR Y JUGAR
CON OPCIONES

Q UIERO ENFATIZAR la palabra *jugar* en *jugar con opciones*. Jugar implica divertirte, y eso es precisamente lo que significa aquí. Experimentar con el cambio puede dar miedo. Al cambiar tu modo habitual de responder a las emociones y circunstancias de la vida, no sabes en realidad si recibirás cosas buenas o malas. Sin embargo, como dije, debajo de tu miedo probablemente haya emoción. Si puedes disfrutar la emoción y lo impredecible inherente en dejar ir esas respuestas habituales y los conceptos en que se basan, tu Método para domar gremlins avanzará bien.

Disfrutar el proceso es parte integral de domar a tu gremlin. Éste podría hacerte creer que sentirte bien requiere de mucho trabajo, esfuerzo, valor; de tratar, analizar, mascullar, resoplar, resolver cosas y sobre todo, preocuparte. La verdad es que no hay una relación causa-efecto entre la acción implicada en ninguno de estos términos y obtener una genuina sensación de sencilla paz y satisfacción.

Tu sensación de felicidad interna y satisfacción se incrementará a medida que mejores tus habilidades para domar gremlins. Esto es, a medida que te vuelvas adepto a *simplemente notar* tu cuerpo, el mundo a tu alrededor, tus hábitos para responder a tus emociones y a las circunstancias de la vida, a tus conceptos; *a elegir y jugar con opciones*; y a estar *en proceso*.

Si notas que te dices a ti mismo que *debes* cambiar, tu gremlin te tiene agarrado. *Podrías, deberías* y *tendrías* son términos de gremlin que entorpecen el espíritu de la experimentación. En lugar de eso, cambia por cambiar. Juega. Cuando te vuelvas consciente de un concepto anacrónico o de un viejo comportamiento habitual considera jugar a cambiar de comportamiento. Cambia por un momento. El voto de cambiar para siempre te deja en la mira de un ataque gremlin, pues ese malévolo amo de la miseria convertirá tu voto en un *deberías* que te golpeará en la cabeza. Hacer el voto de cambiar para siempre no sería más que desarrollar un nuevo hábito o un nuevo personaje. Cierto, podría ser un hábito o personaje más constructivo que los que tienes ahora, pero cualquier hábito o personaje puede limitar tu potencial para llevar una vida creativa y disfrutable. De nuevo, la palabra clave es *elección*.

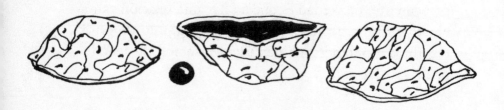

Decidir elegir

Decidir elegir de situación en situación y de momento en momento es vitalmente importante para domar a tu gremlin.

En ocasiones he conocido gente que ha tomado un poco de terapia. Un poco de terapia es como saber un poco de karate. Puede meterte en serios problemas. Este es un escenario clásico:

Una mujer va a terapia y se vuelve consciente de su tendencia de toda la vida a reprimir su enojo. Su nueva conciencia es tan emocionante que desarrolla una nueva regla.

En lugar de pensar que no debería expresar enojo, ahora cree fervientemente que *siempre* debe mostrar su enojo. Ella ha desarrollado lo que llamo una neurosis «invertida», y no está mejor que antes. Su gremlin, acechando en las sombras, continuará molestándola sobre cuán feo es su enojo o, con un repentino cambio de táctica, comenzará a reprenderla cada vez que no sea completamente honesta sobre sus sentimientos de ira, diciéndole que *debería* serlo. Recuerda:

Domar a tu gremlin no requiere desarrollar nuevos *deberías*. En lugar de ello:

Simplemente nota.
Elige y juega con opciones.
Permanece en proceso.

Por ejemplo, si tu gremlin te ha convencido de que algunas de tus emociones son peligrosas o equivocadas o de que no tienes derecho a ellas, podrías sentir pánico al sentirlas. Si, por otra parte, te ha convencido de que algunas emociones poderosas son intolerables físicamente y te lastimarán cuando las mantengas en el interior, podría alentarte a expresarlas inmediatamente sin ninguna consideración para los demás. Podrías sentirte mejor en el momento, pero a la larga tu gremlin ganará, al prepararte para sentirte ansioso, culpable, aislado o vacío. Respeta lo engañoso que puede ser tu gremlin.

Respira y experimenta plenamente

Si en lugar de escuchar a tu gremlin simplemente respiras, sientes tus emociones y les das mucho espacio en tu cuerpo, notarás que esas emociones no son más que simple energía y que sentir la energía es sentirte vibrante y vivo. Después de todo, las emociones están hechas para ser sentidas y experimentadas plenamente y utilizadas en beneficio de tu existencia. El enojo no es inherentemente malvado, la tristeza no implica automáticamente depresión, los sentimientos sexuales no engendran automáticamente promiscuidad, la alegría no es lo mismo que irreponsabilidad o ingenuidad y el miedo no implica cobardía. Tus emociones sólo se vuelven peligrosas cuando las guardas habitualmente o las descargas impulsivamente sin respeto en otros seres vivientes.

Las emociones no desaparecerán simplemente porque no las reconozcas o expreses. De la misma manera, no es necesario expresar abiertamente toda emoción. Cuando empieces a prestar más y más atención a tus emociones y a sus efectos en tu cuerpo, notarás que no hay nada qué temer en una emoción. Sólo tu gremlin tiene miedo de tus emociones, porque sabe que cuando las sientes plenamente, sin juzgarlas, tienes solamente una simple sensación de intensidad y ese sentimiento de intensidad es la clave para disfrutar plenamente del regalo de tu vida.

Tu gremlin podría preferir que enfoques tu atención en él en lugar de simplemente experimentar tus emociones. A menudo, durante lo que parezca ser una situación intensa, si te tomas el tiempo de relajarte y *simplemente notar* lo que estás sintiendo, recordándote a ti mismo que no tienes que hacer nada con tus emociones y que tus emociones no son peligrosas, experimentarás un sentimiento de *poder relajado*. Esta sensación ha sido descrita de muchas formas, incluyendo sentirse plantado, integrado, pleno, feliz, amoroso, centrado, en la zona, elevado, bueno y a pedir de boca. Cuando te tomes el tiempo de simplemente experimentar las sensaciones físicas conocidas como emociones, comenzarás a disfrutarlas más y más. Elegir opciones sobre qué hacer con ellas se volverá más fácil y más disfrutable. Incluso podría sentirse como una aventura.

De nueva cuenta, una de las opciones más comúnmente subestimadas es darle a tu emoción del momento mucho espacio dentro de ti. Esto es:

respirar y sentir plenamente.

Otra opción es:

cambiar por cambiar.

Cambiar por cambiar

Cuando decidas expresar abiertamente una emoción particular, tiene sentido que selecciones la opción que te deje sintiéndote bien y que al mismo tiempo te dé lo que quieres de tu entorno. El proceso para seleccionar estos tipos de opciones es lo que hace de domar a tu gremlin una aventura disfrutable, pues aquí es cuando puedes ponerte creativo. Te sorprenderás de las opciones que puedes pensar para expresarte a ti mismo una vez que comiences a *escoger y jugar con opciones*.

Según la ocasión, podrías seleccionar opciones que consideres consistentes con tu personalidad (o con tu personaje del momento). En otras ocasiones podrías seleccionar opciones que sean totalmente ajenas a ti. ¿Y qué? Sé totalmente ajeno a ti. Estar fuera de personaje puede ayudarte a sabotear tu personaje y por ahora ya reconoces el poco valor de tu acto, de cualquier modo. Juega.

Si tu tendencia ha sido comportarte tímidamente cuando te dan un halago, considera jugar con otra opción. La próxima vez que alguien siquiera implique algo así como que es muy bueno conocerte, toma una gran bocanada de aire y disfruta el momento. Incluso podrías exclamar «¡Eso se siente bien! Dime más». Cambia por cambiar. Vuélvete loco.

Si, al entrar en conflicto con otros, tu hábito ha sido asustarte a ti mismo para sofocar tu enojo, mira a tu miedo directamente a los ojos y pregúntate qué es lo peor que puede ocurrir si te expresas. Considera describir honestamente tu experiencia actual. Podrías, por ejemplo, tratar con tu propia versión de una o varias de las siguientes declaraciones:

«Hay algo que quiero decirte pero tengo miedo de que lo tomes a mal. ¿Estás dispuesto a escucharme?».

«Estoy molesto contigo. Lo que también es cierto es que te respeto y valoro nuestra relación».

«Eres importante para mí y quiero que sigamos siendo amigos, pero hay algunas cosas que haces que me están volviendo loco».

«Dudo sobre hablar contigo con respecto a cierto asunto delicado, pero no me gusta sentir lo que estoy sintiendo y me gustaría aclararlo. ¿Estás abierto para una discusión franca?».

«Me gustaría que escucharas todo lo que estoy a punto de decirte y realmente lo consideraras antes de responderme».

«Realmente quiero escucharte y quiero que tú me escuches a mí».

«Esta podría ser una conversación difícil para nosotros debido a mi tendencia a hablar mal y a la tuya de darme esa mueca. A medida que avance la conversación, hagamos un esfuerzo para tratarnos el uno al otro con amor y respeto».

Parámetros de comportamiento

Un parámetro de comportamiento es un límite que pones a tus acciones de manera consciente y razonada. Es algo que puede ser de ayuda al domar a tu gremlin. De ninguna manera se trata de algo que vaya a limitar tus pensamientos o sentimientos, sólo tus acciones. Como he mencionado, intentar legislar internamente en contra de un pensamiento o emoción puede crear un estado psicológico de conflicto o dualidad en tu interior. Recuerda, no puedes estar en la realidad y en la dualidad al mismo tiempo, y estar en la realidad es un requisito para domar a tu gremlin y disfrutar de ti mismo y de tu vida.

Un parámetro de comportamiento es de gran ayuda para descargar la ansiedad. Un niño jugando al lado de un acantilado probablemente se sentirá menos ansioso si antes se le ha mostrado una barda que lo separa del borde. Puedes divertirte mucho experimentando con opciones

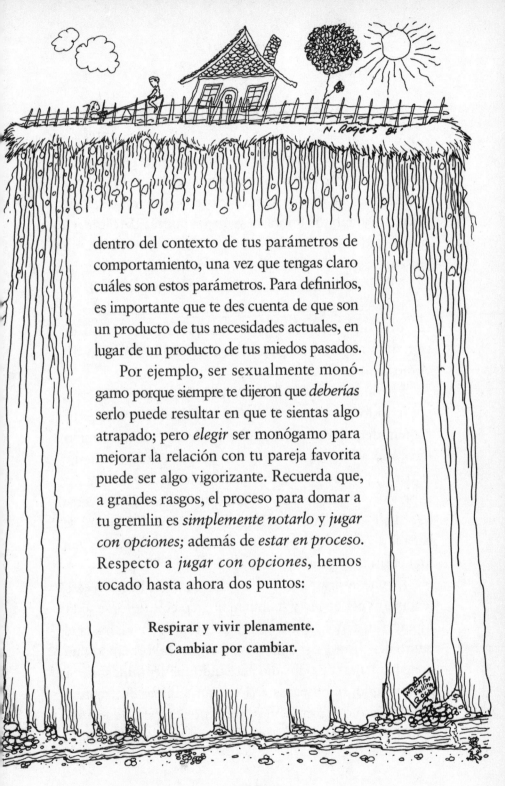

dentro del contexto de tus parámetros de comportamiento, una vez que tengas claro cuáles son estos parámetros. Para definirlos, es importante que te des cuenta de que son un producto de tus necesidades actuales, en lugar de un producto de tus miedos pasados.

Por ejemplo, ser sexualmente monógamo porque siempre te dijeron que *deberías* serlo puede resultar en que te sientas algo atrapado; pero *elegir* ser monógamo para mejorar la relación con tu pareja favorita puede ser algo vigorizante. Recuerda que, a grandes rasgos, el proceso para domar a tu gremlin es *simplemente notarlo* y *jugar con opciones*; además de *estar en proceso*. Respecto a *jugar con opciones*, hemos tocado hasta ahora dos puntos:

Respirar y vivir plenamente.
Cambiar por cambiar.

Acentuar lo obvio

Exploremos una opción más con la cual jugar. Llamemos a esta opción *acentuar lo obvio*. Recuerda: mientras más brillante sea la luz que arrojes sobre viejos temores, ideas antiguas y hábitos limitantes, mejor podrás detectar qué tan absurdos son. Diviértete un poco exponiendo nociones y creencias anticuadas: piensa en modos de acentuarlas. Fritz Perls, un psiquiatra y profesor realmente brillante, era un genio cuando se trataba de acentuar lo obvio. Él fue uno de los muchos pioneros que desarrollaron un potente método psicoterapéutico conocido hoy en día como terapia Gestalt.

El tratamiento de Fritz Perls era eficiente y efectivo sobre todo porque era existencial: lidiando con la experiencia del cliente en el aquí y ahora; fenomenológico: llevando a la gente a vivir y observar cómo tienden a sentirse, pensar y comportarse, en lugar del por qué; y experiencial: acentuando vívidamente los comportamientos habituales del cliente y los conceptos sobre los cuáles se basan, de modo que pudieran sentirlos y observarlos con una actitud de «indiferencia creativa».

Tú puedes usar este mismo tipo de acercamiento existencial, experiencial y fenomenológico en tu propia vida. Al hacerlo, simplemente nota y acentúa lo obvio; hasta el punto del absurdo, si quieres. Experimenta formando una imagen mental de ti mismo actuando tus sentimientos. Si, por ejemplo, te observas a ti mismo temblando frente a un conflicto o escondiéndote de un reto, trata de formar la imagen mental de ti mismo actuando esos sentimientos.

Imagínate a ti mismo haciéndote más y más pequeño o temblando de miedo o escondiéndote o acurrucándote en un clóset oscuro, o mejor aún, si la situación permite la oportunidad, adopta realmente esta postura temerosa: baja la cabeza o ve a esconderte en un clóset o camina como si tuvieras la cola entre las patas. Dale al tú natural la oportunidad de observar el extraño comportamiento y las creencias en las que se basa.

Sé creativo y juega con el proceso de acentuar lo obvio. Si, por ejemplo, te notas a ti mismo guardando tu enojo al punto en que te sientes como una tormenta eléctrica, acentúa la emoción. Sostén la respiración, resopla fuerte, luego mírate en el espejo. Y no pases por alto una de las maneras más sencillas de acentuar lo obvio: describirle verbalmente a alguien más lo que estás notando sobre ti mismo (en el momento mismo en que lo notas). Dile, por ejemplo:

**Estoy realmente lleno de furia en este momento
y me siento a mí mismo conteniéndola y quiero
resoplar como una tormenta eléctrica.**

O digamos que tu gremlin te está saboteando, implicando que eres incapaz o poco valioso, por ejemplo. Acentúa su parloteo repitiéndolo en voz alta o subiéndole el volumen. Haz una voz de gremlin si quieres. A menudo verás lo absurdo de su diatriba. Lleva al extremo la representación de su monólogo. Podría ser algo como esto: «Tú, pequeño miserable. Nunca lograrás nada. Tu compromiso con la mediocridad es impresionante. No estoy seguro de que pudieras llegar ni siquiera al 'más o menos'. Date por vencido. Incluso los que están cerca de ti están hartos. Terminarás viejo y solo y viviendo en un callejón siendo devorado por las ratas».

Aunque la cháchara y las amenazas atemorizantes de tu gremlin tuvieran un elemento de verdad en ellas, a medida que acentúes su parloteo te volverás consciente de la absurdidad inherente de elegir pasar preciosos momentos de tu vida finita escuchándolas.

Simplemente notar su mensaje es darte un poco de distancia a ti mismo *en el momento en que la tonada suena*, no sólo lejos del mensaje sino lejos de ese monstruo de la mente: tu propio gremlin particular.

Tu gremlin no es solamente los mensajes autolimitantes en tu cabeza. Es la fuerza que los produce.

Él tiene un propósito: tu destrucción. Y se mueve con total intención. Es el amo macabro de la miseria, el demonio de la aflicción. Él usará la información de tu inventario mental para exprimir tu potencial para el placer y la productividad, para empantanar tu creatividad, debilitar tu cuerpo y envenenar tus relaciones. Pero lo tienes dominado. Completamente dominado. No de una vez y para siempre, sino en cada situación única en que aparezca para gruñirte. Todo lo que debes hacer es *simplemente notarlo* con una sensación de desapego y *elegir y jugar con opciones*. Así que ahora tenemos tres opciones con las cuales jugar:

Respirar y vivir plenamente.
Cambiar por cambiar.
Acentuar lo obvio.

La siguiente es otra opción:

Sólo imagínalo

Existe un gran énfasis en nuestros días en la creencia, o al menos la posibilidad, de que si puedes imaginar algo, puedes tenerlo.

Esto es una mentira. Al menos no es cierto en mi experiencia, y le he dado bastante oportunidad a esta teoría. Lo cual no quiere decir que la visualización positiva y el autoconvencimiento positivo no puedan hacer maravillas en tu vida. Sí pueden. Yo, por ejemplo, me he beneficiado y aprecio el trabajo y la sabiduría de Bernie Siegel, como lo dice en su libro *Love, Medicine, and Miracles*, y el trabajo de otros pioneros en el campo de la visualización creativa como Carl y Stephanie Simonton. Pero, en lo que toca a mí, tiendo a estrellarme de cabeza con los límites; quizá porque creo que hay límites. No lo sé. Una antigua cliente mía llamada Joanne describió con aptitud este dilema.

Joanne y su esposo Glenn estaban muy comprometidos, no solamente el uno con el otro, sino con la organización a la cual pertenecían. La organización patrocinaba una serie de seminarios sobre crecimiento personal a los que ellos asistían semanalmente. Algunos eran eventos vespertinos y otros eran talleres que duraban varios días. Durante el tiempo que hice terapia con Joanne y Glenn, ellos siguieron participando en estos eventos e hicieron algunos cambios muy positivos. Como individuos, expandían sus límites, pero las circunstancias de su matrimonio eran menos promisorias. En una de nuestras sesiones, Joanne expresó el miedo a que su matrimonio se viniera abajo, a lo que Glenn respondió: «Joanne, si sostienes en tu mente que nuestro matrimonio va a venirse abajo, nuestro matrimonio *se vendrá abajo*». Joanne miró a Glenn calmadamente y luego preguntó, simplemente: «Bueno, Glenn, si sostengo en mi mente que nuestro perro Rags defecará pepitas de oro, ¿lo hará?».

Joanne tiene talento con las palabras y te ofrezco particularmente éstas sólo como una manera de decir que, aunque en mi opinión la visualización creativa está entre las opciones más emocionantes que tú y yo tenemos para promover cambios positivos en nuestras vidas, es buena idea balancearla con algo de pensamiento constructivo, algo de trabajo duro y algunas opciones.

En mi experiencia, es absolutamente cierto que la gente cuyas vidas están llenas de amor, prosperidad y felicidad son personas que gustan de sí mismas, creen de verdad que merecen lo mejor y que ven en el ojo de su mente que sus vidas evolucionan positivamente. Estos casos, sin embargo, también tienden a ser personas que están dispuestas a tomarse el tiempo y hacer el esfuerzo de planear constructivamente y hacer el trabajo necesario para estar donde quieren estar.

Si planeas con cuidado tus pasos para ir del punto A al punto B, y si estos pasos son realistas, y si, además, pones un pie delante del otro para caminarlos, con toda seguridad podrás llegar a donde quieras llegar. Cuando ayudo a mis clientes con el proceso de construir las circunstancias que quieren crear para sus vidas, nos concentramos juntos en romper conceptos anticuados y autolimitantes sobre quiénes son y lo que pueden lograr, en crear una imagen de lo que quieren ser, así como en *planear y hacer.*

Modificar, y en algunos casos desechar preconcepciones enraizadas pero ya no útiles, es una tarea desafiante porque es un proceso muy personal y porque debe continuarse justo dentro de tu propia cabeza. Juguemos por un momento con la opción de *solamente imaginarlo.*

Escribiendo tu propio guión

Repasa tus respuestas de los espacios en blanco de la página 160. Toma nota de aquellos puntos que pienses que tienen una influencia menos positiva en ti. Juega a reescribir uno o más de ellos en forma de un monólogo ultrapositivo y afirmativo. Imagina que estás creando para ti mismo un guión para un programa subliminal que será usado en tu propia autohipnosis. No seas tímido al introducir respuestas que hacen que tu vida se vea mejor de lo que nunca has soñado posible. Hazlo aunque se sienta como si te estuvieras diciendo un montón de mentiras descaradas y autoglorificantes. Elabóralo con tus propias palabras.

En esta reescritura, utiliza palabras que se ajusten para ti en vez de declaraciones repetitivas. Es mi experiencia (y mis clientes y estudiantes han apoyado esta noción) que armar una diatriba positiva en tu cabeza es más divertido y produce resultados cualitativos más veloces que afirmaciones de una oración como «Soy muy inteligente» o «Soy amoroso y sabio». Entra en el proceso. Sé indulgente. En lo que toca a la autoafirmación positiva, la represión es una mala idea. Hazlo durante todo el tiempo que desees.

Por ejemplo, en el tercer punto donde originalmente escribiste «Soy *más o menos* inteligente», ahora podrías escribir «Soy tan listo como un lince y tengo una respuesta inteligente para todo. Me impresiona lo rápido que soy capaz de aprender. Me vuelvo más agudo a cada respiración. Es genial ser tan rápido».

No sólo te digas que serás más inteligente, sino que ya eres brillante; que en el momento en que lo dices te conviertes en ello, que el proceso continuará, que mereces volverte más sabio y que ya es un hecho que se manifiesta justo ahora e impregna cada aspecto de tu vida. Puedes hacer lo mismo con excelentes resultados en lo concerniente a tu *sex appeal*, tu amabilidad, lo agradable que eres, tus relaciones, tu salud e incluso tus ingresos.

Haz esta especie de reescritura con todos los puntos donde tus respuestas hayan sido evidentemente autolimitantes y usa la información que obtengas como base para una conversación contigo mismo. Sácala y juega con ella tanto como puedas, a cada oportunidad que tengas. Incluso podrías desear hacer una grabación para escuchar de vez en cuando.

Una vez que hayas creado tu guión, embellece el proceso al crear imágenes de ti mismo sintiendo y haciendo exactamente lo que quisieras y de tu vida fluyendo justo de la manera que quieres. Sé implacable. Crea imágenes positivas, luego conjúralas y échales una mirada profunda a cada oportunidad que tengas.

Este es un proceso sumamente personal y privado, así que aprovéchalo. Puedes usar lo que escribas como base para un programa interno diseñado para llenar tu vida de más placer y menos dolor del que creíste posible. Puedes hacerlo. Y el esfuerzo vale la pena.

Sé que ese desgraciado gremlin tuyo piensa que esta cosa sobre el poder del pensamiento positivo es sólo un montón de tonterías. Pero si tu autoconsciencia está lista, notarás que escuchar a tu gremlin es muchísimo peor que la autoafirmación positiva. Demoler viejos conceptos y reemplazarlos con imágenes y un diálogo interno positivo rumbo a la meta de endulzar tu propia vida no sólo se siente bien, sino que es bueno para ti. *Utilizado en conjunto con un poco de sentido común y planeación y acción, puede producir una notable transformación.*

Acuerda tener algunos encuentros muy sinceros contigo mismo, aunque sean breves, cada día durante diez días. Céntrate a ti mismo y luego dale al proceso una oportunidad verdadera. Aunque te sientas como un farsante por unos segundos al inicio de cada período, sólo sigue. Pronto te sentirás inmerso en la experiencia. Considera los diez días como un período de prueba y evalúa los resultados. Si el proceso comienza a sentirse como tarea, déjalo por un tiempo. Cuando estés listo, atiende al llamado y hazlo. Date cuenta no sólo de los efectos a largo plazo, sino del placer que emerge a medida que te aventuras en el proceso.

Así pues, revisemos algunas de las opciones con las que puedes jugar, ya sea una por una o en combinación:

Respirar y vivir plenamente.
Cambiar por cambiar.
Acentuar lo obvio.
Sólo imaginarlo.

Y aquí hay otra:

revisa y vuelve a decidir.

Revisa y vuelve a decidir

Si le echas un buen vistazo a tus conceptos pasados de moda y hábitos autolimitantes y reflexionas sobre sus orígenes, probablemente notarás que has formado creencias y hábitos de tus trayectos y errores mientras te has abierto paso por la vida: a partir de lo que te dijeron cuando eras niño aquellos que pensaste que sabían más que tú, o de lo que viste en las actitudes y acciones de protagonistas prominentes de tu mundo.

Hace tiempo, cuando eras un inocente y entusiasta pequeñín, tu mente sedienta absorbió muchas experiencias. Absorbiste las creencias y comportamientos de la gente que pasabas más tiempo observando; tu madre y padre entre ellos. Espero que hayas tenido el regalo de unos padres ricos en buenas intenciones y sentido común, pero aunque hayan sido los mejores, también eran humanos y probablemente mostraron alguna vez sus características menos halagüeñas frente a tus pequeños ojos. Bebiste de lo increíble y de lo no tan admirable, día tras día. Aquí tienes un pequeño experimento para ayudarte a tener algo de perspectiva sobre algunas de las impresiones que pudiste haber absorbido sin pensar.

Develando el velo de los conceptos

Basándose en tus experiencias pasadas, tu gremlin te ha hipnotizado para que formes conceptos sobre ti mismo y sobre el mundo. Luego ha puesto esos conceptos bajo un velo de *convicciones hipnóticas* a través del cual observas todo. Lo hizo y lo hace para limitar la intensidad inherente de tener la experiencia fresca de tu propio ser natural.

Haz una lista de diez palabras y frases cortas que describan a tu padre o madre (el que sea del mismo género que tú) a medida que lo experimentaste cuando eras niño. (Puedes aprender mucho de esto al hacerlo con cualquiera de los dos).

Imagina, al crear tu lista de adjetivos y frases descriptivas, que tu meta es darme una idea del tipo de persona que ese padre o madre fue cuando eras niño. Podrías, por ejemplo, reflexionar en cómo se presentaba tu padre ante el mundo; lo que era importante para él; cómo manejaba sus emociones de enojo, alegría y tristeza; cómo expresaba o contenía su afecto; cuán afectuoso era físicamente; cómo manejaba situaciones difíciles en su vida; cualquier característica prominente de su personalidad o característica física que tuviera; algo acerca de su sistema de valores; y cualquier otra cosa que imagines que podría darme una sensación de cómo lo experimentaste cuando eras niño.

Mientras los imprudentes y cabezas de chorlito estarán tentados a seguir leyendo, los sabios y puros de corazón no leerán más hasta haber escrito su lista.

Características del padre del mismo género	✓	–	+	M
1.				
2.				

Características del padre del mismo género	✓	–	+	M
3.				
4.				
5.				
6.				
7.				
8.				
9.				
10.				

Una vez hecho esto, observa la lista con las características de tus padres y pregúntate cuáles de estas cualidades has asumido como propias. Sé honesto contigo mismo. No importa si te gustan esas cualidades, las odias o te son indiferentes. Si se ajustan a ti, coloca una palomita en la columna marcada como «✓».

Ahora observa esas cualidades que has palomeado y pregúntate a ti mismo de cuáles te gustaría deshacerte. Para ellas coloca un signo de menos (-) en la columna; y para aquellas cualidades que te gustaría conservar, que

disfrutas y que tal vez aprecias, pon un signo de más (+) en la columna. Para cada una de las que te gustaría hacer un mejor uso o modificar o trabajar más, pon una marca en la columna M.

La última categoría (la columna M) podría requerir alguna clarificación. Aquí hay un ejemplo: un cliente mío, Russell, descubrió recientemente que había heredado lo que llamaba lo «dominante» de su padre. Él dice querer modificar esta cualidad resguardando la asertividad de su padre y su determinación cuando se trata de vérselas por sí mismo, pero quiere eliminar la falta descarada de sensibilidad hacia los otros que vio en su padre y en ocasiones ha atestiguado en sí mismo. Al traer esta cualidad a la conciencia y notarla como una que quisiera modificar, Russell ya ha comenzado a aminorar su efecto hipnótico sobre sí mismo.

Para mejorar este proceso de crecimiento personal, Russell puede *simplemente notar* su tendencia hacia lo *dominante* a medida que ocurre, y puede *simplemente notar* los conceptos corriendo en su mente en esos momentos. Él podría, por ejemplo, notar que tiende a ser *dominante* cuando se siente vulnerable, cuando su acto de «estar a cargo» está en escena, o cuando su gremlin lo ha asustado con ser rechazado o abandonado. Habiendo notado esto, él puede jugar con opciones. Podría, por ejemplo, relajarse, respirar y sentir su carácter dominante (su creencia de que necesita hacer su voluntad y la experiencia física que la acompaña.) O podría acentuar el parloteo de su gremlin (probablemente algo sobre la necesidad de controlar a otros para no ser lastimado), o incluso su propia *dominancia*.

Puede cambiar por cambiar si elige hacerlo y experimentar con modificar su comportamiento, yendo un poco lejos tal vez siendo modesto o muy calmado. El punto importante es que él *simplemente note, elija y juegue con opciones.*

A través de una versión intensamente experiencial del ejercicio que has completado, Sharon, participante de uno de mis recientes seminarios, tuvo la certeza de que aunque ella amaba profundamente a su madre, aunque en serio le agradaba y la admiraba, había asimilado de ella una tendencia particularmente perturbadora. Sharon se volvió consciente de que ella, como su madre, se veía constantemente *agobiada.* Ella tendía a sobrecargarse de cosas qué hacer y se preocupaba por sentirse ansiosa, segura de que nunca podría completar todo lo que tenía pendiente. Sharon notó que esto se aplicaba completamente a ella cuando estaba en su oficina y su día de trabajo estaba a punto de terminar. En esos momentos, los pensamientos de Sharon se volvían dispersos y rápidos, su respiración superficial y veloz, y como su madre, se movía de una manera que ella llamaba «tonta y frenética».

Consumida por la prisa de esos momentos, Sharon se volvía insensible a lo que ocurría a su alrededor y continuamente confundía las cosas. Era brusca sin querer y algunas veces francamente grosera con sus compañeros de trabajo. Sharon descubrió rápidamente que había incorporado este comportamiento observando a su mamá, quien creía que el valor de una mujer estaba basado solamente en el nivel de actividad que podía acometer y que tener mucho que hacer y sufrir por ello era noble de alguna manera. Suena a que nuestro viejo amigo, la Parca de la que hablamos en el capítulo 2, estaba en escena. Sharon me dijo que quería hacer un esfuerzo para dejar atrás este comportamiento y el concepto en el cual este se basaba.

Sospecho que Sharon tendrá éxito en modificar su tendencia a esa actitud mental. Después de todo, ella ya lo ha traído a su conciencia, activando la teoría zen del cambio que tú y yo discutimos antes, y puede acelerar el cambio que desea al simplemente notar su tendencia a apresurarse a medida que ésta se manifiesta en su jornada de trabajo. Ella puede *simplemente notar* el concepto de «tengo que producir mucho para ser valiosa» y darle el poder que ella elija. Incluso puede acentuar esta noción su estado de agobio hasta el punto del absurdo. Y ella puede cambiar por cambiar, explorando tales opciones a medida que modifica su respiración, yendo despacio y haciendo más suaves sus movimientos, concentrándose en una cosa a la vez y tomándose el tiempo de salir del mundo de la mente el tiempo suficiente para notar las sensaciones dentro de su cuerpo y para notar el mundo a su alrededor.

Puedes usar la información que has acumulado al reflexionar sobre tus padres para enriquecer tu vida y diseñar tu forma de ser. Concéntrate en una característica por dos o tres días. Decide claramente qué parte quieres que tome la característica en tu vida. Podrías querer afirmarla, disminuirla o eliminarla completamente. Las claves para un cambio efectivo usando este método son:

- Permanecer consciente de qué parte quieres que la característica tome en tu vida.

- Simplemente notar la característica cuando se manifieste en tu propia personalidad.
- Mantenerte en elección y jugar con opciones.

Juega a volver la característica aún mayor, menor o inexistente. Y mantén este proyecto sólo para ti mismo. Es un asunto personal, un secreto entre tú y tú mismo, un deporte interno, una manera de ayudarte a ser un mejor tú. Si tienes una característica que en serio quisieras resaltar o disminuir, harías bien en incluirla en tu práctica de visualización positiva y diálogo interno de autoafirmación. Tu motivación primaria es expandir el espacio entre tú y la característica de modo que puedas verla con un sentimiento de desapego, y obtener la libertad para hacer algo de coreografía creativa con tu propia personalidad y comportamiento.

Ten en mente que tus conceptos y comportamientos confinantes, negativos y anticuados vienen de un enorme número de personas y factores, así que por favor, no pierdas el tiempo buscando alguien a quién culpar; menos que nadie a tus padres. Los padres son blancos fáciles y no les va nada bien a menudo. Muchos de los padres que conozco se esfuerzan en hacer todo lo mejor por sus hijos, y aunque no me constan las intenciones o acciones de los tuyos, sé de seguro que si te aferras a la creencia de que tus defectos son su culpa (o aún más tonto: su responsabilidad), no te sumergirás en toda la plenitud y felicidad que te mereces.

Conforme practiques la doma de tu gremlin, *simplemente notando, eligiendo y jugando con opciones*, proyectando una brillante luz sobre los viejos hábitos y conceptos y experimentando con nuevas conductas, aprenderás o reaprenderás, quizá en un nivel más profundo que antes, que estás a cargo de tu vida. Es verdad. Te guste o no, de hecho estás a cargo. Y si darte cuenta de eso no te ha dejado temblando hasta el tuétano, entonces no te has dado cuenta por completo de ello.

Tu vida es tu vida

De una u otra manera, en algún momento todos somos golpeados en la cara por una ráfaga de viento, abrimos los ojos y nos damos cuenta no sólo de que estamos en la proa de un bote colosal en medio del mar abierto, sino que estamos ahí como el capitán de la maldita cosa. Una vez que te das cuenta de este hecho de la vida tienes varias opciones. Puedes cerrar fuertemente los ojos y pretender que no tienes que tomar el timón, puedes correr en círculos agitando tus brazos y gritando «Alguien tome el timón, alguien tome el timón» o puedes tomarlo tú mismo y aprender a manejarlo.

Si te calmas y confías en el viento en lugar de temerle, eventualmente te volverás bueno navegando. Te darás cuenta de que aunque no sepas qué es lo que está a la vuelta del siguiente cabo y aunque algunas veces trabajes empapado en sudor para mantenerte a flote en una terrible tormenta, a pesar de todo, puedes pasar un buen rato navegando hacia donde quieres y ocasionalmente puedes soltar el ancla y disfrutar del sol. La brisa siempre está soplando, aunque sea un poco, así que mantén tus velas desplegadas.

Lo que hagas con tu vida depende de ti. No depende de tu mamá, de tu papá, tu pareja, tus amigos, tu entrenador o tu terapeuta. Todo depende de ti. Escondida debajo del miedo de estar a cargo de tu vida hay una emoción profunda por *estar* a cargo de ella. Lo mejor de todo es la libertad: la libertad de llevar tu vida a tu manera, probando las aguas por ti mismo, recibiendo tus propias cicatrices de batalla, disfrutando tus propias recompensas. Quizá te asocies con un compañero o dos en este mar de la vida, pero incluso esas relaciones funcionarán mejor si cada uno de ustedes tiene un claro sentido de propiedad sobre su vida.

Así que repasemos. El primer paso en el Método para domar gremlins es:

simplemente notarlo.

El siguiente paso es:

elegir y jugar con opciones.

Entre las opciones que puedes jugar están:

respira y vive plenamente;
cambia por cambiar;
acentúa lo obvio;
sólo imagínalo;
revisa y vuelve a decidir.

Y aquí está otra opción que puedes utilizar combinándola con cualquiera de las anteriores. Ya tienes un arsenal de herramientas para la doma de gremlins:

**Céntrate y recuerda ese lugar especial
detrás de tu corazón haciendo uso de tu
mantra: «Estoy domando a mi gremlin».**

Abajo hay una nota de ti para ti. Diviértete llenando los espacios en blanco. Mientras lo haces, repasarás la mayoría de los puntos clave que hemos cubierto hasta ahora.

Querido _____:
(tu nombre)

Establecer el aquí y el <u>ah r</u> como tu <u>b s</u> es una buena idea. Desde esta base puedes empezar a ejercer control sobre tu <u>f c</u> de <u>at nc n</u>. Esto te ayudará a *simplemente notarlo*, no sólo cuando está pasando a tu alrededor, sino también tus ideas y los <u>c nc pt s</u> en los que están fundados. Algunas veces los conceptos son como un velo entre tú y tu experiencia personal.

Una vez que simplemente <u>n t s</u> un <u>h b to</u> caduco o concepto en juego o escuches a tu gremlin parloteando, tendrás una oportunidad, desde la cual puedes jugar con <u>opc n s</u>. Si te vuelves consciente de los hábitos o conceptos con los que quieres experimentar la modificación, puedes cambiar por c mb r incluso divertirte un poco acentuando lo obvio.

Conforme camines por la vida desde este punto hacia delante, recordarás como c nt r t en ti mismo y usar tu mantra de «estoy domando a mi gremlin». Esto te ayudará a mantenerte centrado, si pones atención a la milagrosa cubierta que te separa de todos los demás: tu p l. Y esto te ayudará también a recordar que tu r spi   ón es tanto barómetro como regulador de la experiencia.

Con amor, tu amigo _____

*(Firma aquí con el nombre por el
que más te gusta que te llamen)*

Hemos cubierto bastante terreno juntos. No es importante si tu mente ha logrado asimilar todo. Lo importante es que la parte tu *yo natural* tenga tiempo de asimilarlo. Por esa razón, te sugiero que con frecuencia tomes algunos recesos mientras lees este libro. Ciertamente, si te confundes o distraes, puedes parar de leer por un momento. Continuaremos juntos cuando estés de ánimo. Yo no iré a ninguna parte.

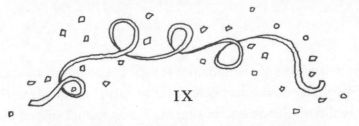

IX

ESTRATEGIAS COMUNES DEL GREMLIN

SIEMPRE ES POSIBLE detectar y frustrar los planes de tu gremlin al momento, pero con frecuencia resulta un gran reto. Un poco de conocimiento acerca de las estrategias más comunes del gremlin puede mejorar tu atención. Recuerda que *simplemente notarlo* es el primer paso para domarlo.

La estrategia de «tú no puedes»

Esta estrategia, aunque burda y poco sofisticada, ha sido parte de la actividad de cada gremlin que me he encontrado.

En esta estrategia de «Tú no puedes», tu gremlin te convence de que no eres capaz de obtener ciertos resultados con tus acciones. Sabe que si tú crees que tienes límites, nunca notarás tu potencial. Si no estás consciente de tu gremlin, él, por supuesto, tiene una obvia ventaja. Después de todo te ha bombardeado con «no puedes» desde antes de que fueras suficientemente mayor como para razonar. Tú probablemente hayas aceptado esto sin considerarlo en realidad. Puede que ni siquiera hayas notado todos los «no puedes» que has aceptado.

Mientras empiezas a notar los «no puedes» de acuerdo a los cuales vives tu vida, puede que encuentres que algunos son acertados: no puedes volar, no puedes aumentar tu altura cuando quieras, no puedes caminar sobre el agua. Otros, sin embargo, puede ser más sutiles y poderosos: no puedes cambiar, no puedes domar a tu gremlin, no puedes construir nada con tus manos, no puedes ser un buen atleta, no puedes sobrevivir solo, no puedes hacer dinero, no puedes tener una relación duradera, no puedes tener éxito académico, no puedes relajarte y no puedes soportar algo (y ese algo puede tomar formas infinitas). La expresión «no puedo soportarlo» es un verdadero rompecabezas. Nunca estoy seguro de lo que significa para las personas que la usan. ¿Significa que explotarán, se derretirán o desintegrarán?

Cuando escuchas *no puedes* o la frase *no puedo* retumba en tu cabeza, permanece alerta a la posible presencia de tu gremlin. Respira y céntrate. Usa tu mantra: «Estoy domando a mi gremlin». Considera cambiar las palabras que acabas de decir y considera reemplazar el *no puedo* por *no lo haré* o *lo haré*, o el *no lo haré* por *elijo hacer* o *elijo no hacer*. Esto te recordará tu responsabilidad por la limitación que experimentas y en algunos casos tu habilidad para eliminar dicha limitación.

Una vez que hayas hecho esto, considera agregar las palabras «hasta ahora» al final o al principio de tu pensamiento o frase hablada. Esta frase es una de tus

más poderosas herramientas para domar a tu gremlin en el acto. Por ejemplo puedes cambiar:

No puedo decirle lo que siento,

a

Elijo no decirle lo que siento,

a

Hasta ahora he elegido no decirle lo que siento.

Si tu elección es continuamente hacer lo que siempre has hecho *hasta ahora*, eso no es bueno ni malo. Todo lo que es importante en este aspecto de la doma de gremlins es que tomes responsabilidad por tus elecciones.

Simplemente nota cuándo tu elección está basada en una consecuencia atemorizante o alguna experiencia del pasado en lugar de la situación presente, y el resultado que deseas de ella. Si es así, quizá desees salir del mundo de la mente el tiempo suficiente para evaluar la validez de tu miedo en el contexto del momento presente.

Disfrutarte a ti mismo requiere ponerle atención a tu libertad de elección y las palabras *hasta ahora* te pondrán en un punto muy importante de *elección*. Cuando no estás en contacto con las opciones que tienes durante una situación, entonces tenderás a sentirte atrapado. Sentirte atrapado y disfrutar de la vida son estados muy incompatibles. Espero que optes por disfrutar de tu vida.

La estrategia de «deberías de», «debes de» y «tienes que»

Ya hemos discutido brevemente esta estrategia, pero repasémosla. *Deberías de, tienes que y debes de* son términos propios del gremlin. Tú puedes usarlos de vez en cuando, pero él los usa frecuentemente con la intención de atraparte en un tipo de dualidad tóxica.

Si llevas una vida que esté totalmente de acuerdo con los *deberías de, tienes que y debes de,* es como si fueras una computadora programada con reglas para predeterminar tus respuestas a las situaciones y los sentimientos. Esto te puede llevar a perder totalmente la frescura, entusiasmo y potencial para la creatividad inherentes a la vida.

Tu gremlin utilizará los *deberías de, tienes que y debes de* para atraparte y hacer que formes una dependencia rígida e inconsciente a una respuesta fija o habitual. Esto puede hacer que te sientas muy ansioso (quizá incluso que te dé pánico) cuando te enfrentes a emociones intensas y poderosas o a situaciones para las cuales los *deberías de, tienes que y debes de* no parecen aplicar.

Me apresuré a llegar a la ciudad de Oklahoma cuando recibí las primeras noticias de la explosión del edificio Murrah el 19 de abril de 1995. En cuestión de horas, después de la explosión, me encontré ayudando a las familias de las víctimas: algunas de ellas recibieron malas noticias, otras estaban esperando noticias del paradero de sus seres queridos. Pero una de las personas más devastadas con las que traté fue un hombre que temblaba descontroladamente. No tenía familiares ni conocidos en el edificio al momento de la explosión. Era un hombre de cuarenta y tantos años, pulcro y vestido con un traje notoriamente caro. Mientras lo sostenía y platicaba con él me di cuenta de que su crisis no se originaba en el horrible evento que había tenido lugar, sino en su reacción frente a las poderosas emociones que experimentó cuando observó la destrucción desde su auto. En otras palabras, el concepto que tenía de sí mismo no le permitía sentir las profundas emociones que estaba experimentando. Su concepto de sí mismo era el de un macho que estaba siempre a cargo y en total control de sus emociones. Su hábito de respuesta frente a las emociones fuertes de cualquier tipo había sido siempre bloquearlas. Este hábito estaba basado en la firme creencia de un *debes de*, que era: *los hombres fuertes no deben de llorar.*

Lo ayudé a manejar sus emociones manteniendo el contacto físico con él y ayudándolo a dejarlas fluir, lo que en este caso significaba dejarse a sí mismo sollozar hondamente y por un tiempo prolongado. Le dije varias veces y de varias maneras distintas: «Lo que estás sintiendo es tan natural como la noche. Tu cuerpo está haciendo lo que quiere hacer. Confía en él». Lo animé a que relajara su respiración y le di la sensación de que tenía mucho espacio. Antes de que pasara mucho tiempo se calmó, y conforme hablamos, empezó a entender su propia imagen de la hombría. Lo que quiere decir que sus conceptos de quién era él y cómo funcionaba el mundo habían chocado de frente con su reacción emocional natural y expresiva y que era la tensión entre estas dos la que lo hacía temblar. Se alejó triste, pero ya no temblaba. Creo que aprendió de esa experiencia.

Simplemente notarlo y *jugar con opciones* son herramientas poderosas para liberarte de los *deberías de, debes de y tienes que*. Batallar con estos te llevará a una lucha con tu gremlin y lo que ya has aprendido es que:

> **Cuando empiezas a forcejear con tu
> gremlin, él te ha vencido.**

Tu atención es precisamente lo que quiere. Mientras estés interactuando con él más allá de simplemente notarlo, tu energía no fluirá

libremente. Se quedará atrapada en una dualidad, tu vida será mucho menos disfrutable de
lo que podría ser y sentirás todo menos paz
y satisfacción interior. Cuando escuches un
deberías de, *debes de* o *tienes que* en tu cabeza,
considera remplazarlo en tus pensamientos y
en tus palabras por un *elijo hacer* o *elijo no
hacer*. Nuevamente, la idea aquí es canalizar
tu energía a tu *yo natural* y lejos de tu gremlin;
esto es, colocarte en la *elección*.

Estar en la *elección* puede estar acompañando
de un sentimiento de emoción (quizá inicialmente
oculto por un velo de miedo o de sentimientos de
vulnerabilidad) y un mayor sentimiento de libertad.
Aún tendrás la oportunidad de *elegir* y gracias
a esa elección te sentirás menos abrumado,
atrapado o ansioso.

Confiar en tu *yo natural* en lugar de escuchar a tu gremlin puede ser un poco atemorizante al principio. Eso es normal. Cambia por cambiar. Arriésgate de vez en cuando sólo por diversión. Por favor, no dejes que tu gremlin te diga que deberías o que tienes que cambiar. Ese diablillo tramposo te golpeará con esa paradoja, el viejo truco de «*deberías de, debes de, tienes que*».

La estrategia de «tú necesitas»

Cuando te escuches diciendo o pensando la palabra *necesitar*, pon atención. Es verdad que necesitas comida, agua, refugio y amor, pero la mayoría de las cosas que imaginas que necesitas son cosas que simplemente quieres (aunque en algunos casos puedes quererlas demasiado). Alguien, alguna vez, comenzó el rumor de que decirle a nuestros seres queridos que los necesitamos es un cumplido. Pero piensa esto por un momento: ¿te sentirías mejor por dentro si alguien te dijera que «realmente te necesita» o si dijera «realmente te amo y quiero estar contigo»? Reemplazar la palabra *necesitar* por la palabra *querer* puede ser una herramienta poderosa en la doma de tu gremlin.

Doy consulta a varias parejas que creen profundamente que se necesitan. Cuando hay esta clase de necesidad intensa entre las personas, también hay un intenso sentimiento de resentimiento mutuo. Es muy hermoso y liberador cuando estas parejas empiezan a reconocer el sentimiento de libertad inherente a la *elección* de estar juntos, en lugar de a la *necesidad* de estar juntos. Este es un ligero cambio en el sabor de la relación que les ayuda a las personas a tener el espacio que necesitan para realmente empezar a amarse el uno al otro.

Una imagen que he tenido en varias ocasiones mientras trabajo con parejas que se *necesitan* mucho es la de dos gatos que yo quería mucho. Cuando mis gatos Sophie y Jessie eran pequeños, acostumbraban jugar agitadamente en el piso. Para mí esto se veía como si estuvieran luchando. Ellos ponían sus patas en el cuello del otro y daban vueltas una y otra vez. De alguna manera parecía que se estaban abrazando mientras se lamían y mordían la cara. Se veían muy felices. Sin embargo, también me di cuenta de que mientras estaban «*siendo amables*» y jugando con las partes superiores de sus cuerpos, estaban arañando con sus patas traseras sus abdómenes. De alguna manera esta

imagen parece apropiada cuando me encuentro parejas
que piensan que se necesitan mutuamente.

La estrategia de «tú no mereces»

En esta estrategia, tu gremlin te convence que
no eres merecedor de algo que quieres, ya
sea una cosa material, un buen rato o paz
mental. Hará todo lo que esté en su poder
para hacerte sentir no merecedor, inadecuado,
asustado o culpable. Simplemente recuerda:
la culpa no tiene ninguna función positiva.
Piensa en tu culpa como un pagaré. Puedes
romperlo o preguntarte a quién le debes
y qué es lo que les debes.

Toma una decisión razonable de cómo actuar: si lo que quieres es romper el pagaré entonces hazlo tan rápidamente como te sea posible. Con tu libertad de elección viene la responsabilidad. Así que recuerda, eres responsable de tus acciones.

La estrategia de «la fantasía es la realidad»

Tu gremlin ama la idea de mantenerte guiando tu vida basado en suposiciones. El mundo de la mente es su territorio. A veces, simplemente tomarte el tiempo de frasear con precisión tus procesos conforme los notas hará a tu gremlin salir huyendo y te traerá de vuelta de la fantasía a la realidad y al importante punto de la *elección*.

Por ejemplo, si tú sientes que tu jefe rechazará una idea que tú realmente deseas compartirle, quizá debas decirte a ti mismo «Estoy imaginándome que mi jefe rechazará mi idea». Es importante que pongas énfasis en la palabra *imaginar,* lo que persigues es una mayor consciencia de las formas en las que tu gremlin intenta asustarte. En otras palabras, *simplemente estás notando y acentuando lo obvio*.

Puedes explorar tu fantasía a la profundidad que elijas siguiendo el siguiente formato de procesos y llenando los espacios vacíos con la respuesta correspondiente.

Si yo _____.

(acción #1 que te da miedo hacer)

Yo imagino que _____.

                          (consecuencia 2)

Si _____.

                          (inserta la respuesta de 2)

Yo imagino que _____.

                          (consecuencia 3)

Si _____.

                          (inserta la respuesta de la 3)

Yo imagino que _____.

                          (consecuencia 4)

Puedes llevar este ejercicio tan lejos como quieras. Con frecuencia verás un elemento de absurdo en tus temores y notarás que en un profundo nivel emocional estás basando tu acción o la falta de acción en miedo al abandono, dolor o muerte.

Conforme observes con cuidado esta situación, serás capaz de ver que la probabilidad para que estas cosas ocurran es nula. Tu gremlin es astuto y manipulador. En casi cualquier circunstancia, sin que te des cuenta, puede transportarte a un momento en el pasado cuando tenías miedo de ser abandonado o lastimado o en el que parecía que tu supervivencia estaba siendo amenazada.

Probablemente no te burlará con un recuerdo consciente, sino con una sensación profundamente emocional de estar condenado. El proceso de pensamiento que te he sugerido arriba te ayudará a *simplemente notarlo* y a acentuar el proceso cuando lo esté usando para asustarte, y te ayudará a escapar del mundo de las ilusiones. Esto

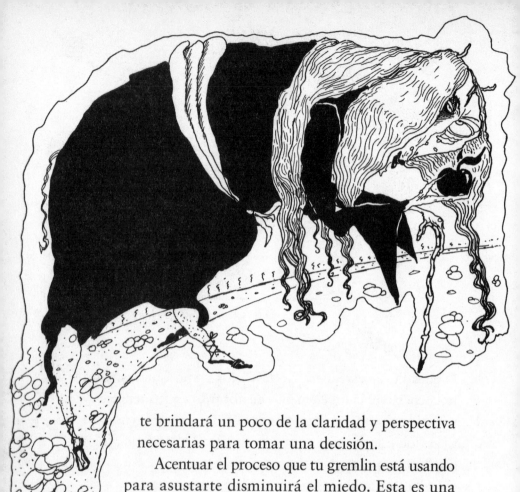

te brindará un poco de la claridad y perspectiva necesarias para tomar una decisión.

Acentuar el proceso que tu gremlin está usando para asustarte disminuirá el miedo. Esta es una historia relacionada a la teoría zen del cambio que discutimos antes:

No me libero al tratar de ser libre, sino al simplemente notar cómo me aprisiono a mí mismo en el momento en que me aprisiono.

Puede que, simplemente, como un niño cuya mano se quedó atorada en el tarro de galletas, tu gremlin, una vez sorprendido, se avergüence y deje de hacer lo que está haciendo. Una vez que tu miedo disminuya, aún puedes elegir no tomar riesgos. Está bien, pero al menos tu elección

estará basada en consideraciones realistas como el
tiempo y las consecuencias en lugar de un concepto
obsoleto, un hábito adquirido hace mucho tiempo o
fantasías no realistas sobre el futuro. Un proverbio no
muy viejo aplica en estos casos:

La ansiedad es el espacio entre el ahora y el después.

Una opción frecuentemente ignorada para determinar
si arriesgarse o no a hacer algo es probar tus consideraciones al enunciarlas en voz alta. Retomando el ejemplo
que exploramos hace unas páginas, podrías decirle a tu
jefe, por ejemplo «Tengo una idea que quiero compartir
contigo. No estoy seguro qué tan abierto estarás a mi
sugerencia ¿Quieres escucharla?» o «Tengo una idea que
estoy considerando compartirte, ¿cuándo y cómo quieres

que lo hagamos?» o «Tengo una idea que quiero compartir contigo y escuchar tus opiniones. Necesita un poco de trabajo. Creo que podría beneficiar a la compañía a largo plazo si quisieras invertir tu talento en ella».

Este tipo de enunciados no son panaceas, simplemente opciones. Incluso pensarlo frecuentemente para ti mismo y verbalizarlas constantemente puede ser muy liberador. Y recuerda, no dejes que tu gremlin te diga que tú *debes de* o *tienes que* cambiar o que *deberías de* tomar riesgos.

En lugar de eso utiliza el método para domar gremlins.

Simplemente notarlo.
Elige y juega con opciones.
Permanece en proceso.

La estrategia de «tensarse anticipando el dolor, ayuda»

Hace varios años tomé una sesión de *rolfing*. El *rolfing* implica un masaje bastante profundo que puede ser una experiencia física dolorosa e intensa. Es un proceso mediante el cual un practicante entrenado ablanda el tejido conectivo que se encuentra alrededor de los múscu-los. Durante la sesión de *rolfing* me noté a mí mismo tensándome cuando el especialista estaba trabajando muy profundamente en mis músculos abdominales. Tenía miedo de ser lastimado. De la misma manera sabía que entre más profundamente le permitiera trabajar, más me beneficiaría la sesión. Empecé a darme cuenta de mi tendencia a tensarme anticipando el dolor en lugar de tensarme como respuesta a la sensación del dolor. Me estaba tensando en una especie de esfuerzo para defenderme del dolor. Esta clase de tensión anticipatoria carece de valor. Es tu gremlin el que crea la ilusión de que tensarse al anticipar el dolor es útil. Una vez más, la realidad es que puedes manejar la mayoría de las situaciones, sin importar su complejidad, si estás relajado, alerta y centrado.

Cuando se encuentra en un estado de concentración relajada, nuestro cuerpo tiene mayor proclividad a reaccionar de acuerdo a las demandas que le hacemos. Entre más me relajaba, el terapeuta era capaz de trabajar más profundamente. Entonces sentía a mi cuerpo tensarse de manera natural, pero no antes de experimentar dolor realmente. Mi dolor y mi tensión disminuyeron hacia el final de la sesión. Lo disfruté y me beneficié mucho de ello.

Tu gremlin quiere que creas que tensarte frente al dolor emocional, aún antes de que ocurra, minimizará la incomodidad. El hecho es que esto no hace más que iniciar la incomodidad y el dolor. El dolor no es más que tensión, así que, cuando te tensas en anticipación a él, lo que realmente estás haciendo es iniciar el dolor antes o prolongarlo. En las relaciones interpersonales esta clase de actitud defensiva tiende a crear y exacerbar todo lo desagradable y limita la posibilidad de intimidad. Supongo que Sally, mi cuello y yo nos encontrábamos en esa dinámica.

La estrategia de la vacilación

Cuando estás a punto de explotar de ganas de decir algo, pero tienes miedo de las consecuencias que esto tendrá, tu gremlin puede animarte a dudar. Tengo clientes a quienes sus gremlins han asustado de tal manera que han desarrollado técnicas altamente sofisticadas de vacilación como una forma de evitar la emoción del contacto humano puro.

Uno de mis clientes utilizaba un gran sentido del tiempo, una voz autoritaria, gestos de gran envergadura y frases como «en cierto modo», «si les parece», «estarás de acuerdo con que» para lograr que uno o más escuchas asintieran mostrando su acuerdo con sus puntos pseudointelectuales. Este método de no-comunicación formaba parte de su personaje de filósofo benevolente. Una vez lo vi protagonizar, durante diez minutos en una cena de celebración, una mini cátedra espontánea que a mi entender no tenía un ápice de sentido. Pero no hacía el menor sentido con total confianza en sí mismo. Él decía cosas como «Encuentro todo esto en cierto modo moribundo, kafkiano, si lo prefieren, ¿no están de acuerdo?».

El filósofo benevolente tenía muchos conocidos pero sentía que nadie lo conocía de verdad. Si hubiera estado centrado y en contacto consigo mismo quizá habría detectado físicamente a su gremlin, pues todas las vacilaciones y dudas con frecuencia se manifiestan como una sensación de tensión en el estómago, dolor de cabeza, falta de aliento y un sentimiento general de malestar. Si hubiera deseado dejar las vacilaciones durante el suficiente tiempo, quizá habría notado las miradas de confusión, a la gente bostezando y las sonrisas fijas, carentes de sinceridad.

Pero así es con los gremlins. Se nos escabullen cuando menos lo esperamos y súbita y secretamente nos atrapan en conductas que, cuando son observadas objetivamente, resultan francamente vergonzosas.

Nosotros, claro, no sabemos lo que ignoramos. Cuando estamos dudando nuestro gremlin nos ha convencido de dejar de lado importantes herramientas como:

Simplemente notarlo.

Elegir y jugar con opciones.

Permanecer en el proceso.

Afortunadamente para nosotros, cuando vemos a nuestro gremlin en acción podemos domarlo en el acto.

Para liberarnos de la estrategia de la duda y la vacilación, necesitamos simplemente poner atención a nuestros deseos, pensamientos y emociones, y describirlos clara y concretamente. Un simple enunciado es mucho más poderoso que una elaborada analogía o explicación cuando se trata darte a entender y poner a tu gremlin en su lugar. Si realmente quieres esconderte dentro de ti mismo en lugar de expresarte, está bien. Simplemente toma esa opción en lugar de enredarte con vacilaciones.

Cuando dudas o «juegas a las escondidillas», como algunos de mis clientes lo han llamado, te arriesgas a verte tonto. Probablemente eso no es lo que quieres, pero sí es probable que sea lo que gremlin quiere. Recuerda que estás sintiendo una cosa y expresando otra, así que estás siendo falso. Aunque sea difícil de digerir, tú y yo somos tan transparentes como todos los demás y la falsedad se nota como un pulgar inflamado.

Si quieres decir algo pero estás sintiéndote asustado y cauteloso, reconoce mentalmente las consecuencias de tu miedo y considera enunciarlas en voz alta. Con frecuencia este nivel de intensa honestidad sorprenderá a tu gremlin, que quedará temporalmente inmovilizado. Con tu gremlin inmovilizado, el *miedo* a lo impredecible se transformará en *entusiasmo* por lo impredecible. Estarás en contacto con tu libertad de decir exactamente lo quieres. Saber qué es lo que quieres decir y decirlo clara y concisamente es usualmente una buena idea. Dudar y vacilar no es bueno para nadie y nunca te dará lo que deseas.

Cuando te comuniques clara y sucintamente en lugar de dudar, te sentirás mucho más vivo y te abrirás a la posibilidad de intimidad y calidez en tus relaciones. Cuando dudas, evitas tu potencial para el crecimiento y lo impredecible que es inherente a toda relación humana. Tus relaciones se volverán predecibles, superficiales y, sobre todo, aburridas.

Una relación es un sistema y como en todos los sistemas, cuando no hay aportaciones nuevas, entra en un estado de entropía o degradación. La toma de riesgos y las nuevas aportaciones son esenciales para que la relación florezca y se profundice.

Debajo hay algunas reglas que a tu gremlin le encantaría que siguieras, porque sabe que éstas asegurarían relaciones superficiales, y con ellas, un estado de decepción perpetua:

- Usa generalizaciones tales como «nosotros», el impersonal «tú» o «gente» en lugar del término «yo».
- Confunde sentir con pensar.
- Confunde el mundo de la mente con lo que está sucediendo en realidad en tu interior y a tu alrededor.
- Conceptualiza las soluciones problemáticas de tal manera que hagas responsables a otros de tu miseria.
- Sonríe cuando estés enojado y triste.
- Utiliza «no puedo» en lugar de «no lo haré».
- Lleva tu vida de acuerdo con las reglas y sin tomar en cuenta tus verdaderos deseos, ni el momento o la situación presente.
- Haz un esfuerzo para mantener las relaciones cómodas y predecibles y, por favor, no sacudas el barco.
- Relaciónate con aquellos que te son cercanos de la manera en que siempre lo has hecho.
- Asume que sabes lo que los otros están pensando y sintiendo.
- Nunca te muestres en desacuerdo.
- Sé claro con respecto a los roles que otros esperan que tomes y asegúrate de no hacerlos sentir incómodos.
- Confunde los deseos con las necesidades.

- No digas «no».
- Usa muchas frases de relleno como «sabes qué quiero decir», «en cierto modo» y «estarás de acuerdo con...».
- Evita el contacto visual.
- Interrumpe.
- Respira corta y superficialmente.
- En lugar de escuchar, piensa y anticipa lo que quieres decir después.
- Dile a la gente lo que deberían de hacer y lo que tienen que hacer.

La estrategia de «mi miedo me asusta a morir»

En esta estrategia tu gremlin te convencerá de que estás a punto de morir. Esta es una estrategia cruel y despiadada usada por los gremlins cuando se sienten desesperados. Una vez tuve un cliente llamado Hank, que tenía un historial familiar de padecimientos cardiacos. Los medios le habían advertido que tenía una personalidad del tipo A. Su ansiedad respecto a tener un ataque cardiaco era tremenda, aunque sabía que lo último que necesitaba era ansiedad. Empezó a experimentar ansiedad con respecto a su ansiedad. El ciclo completo se perpetuó hasta que Hank empezó a tener un ataque de ansiedad después de otro. Estos usualmente se manifestaban como dolores de pecho, falta de aliento y un sentimiento de debilidad interior. En varias ocasiones, Hank se apresuró a llegar a la sala

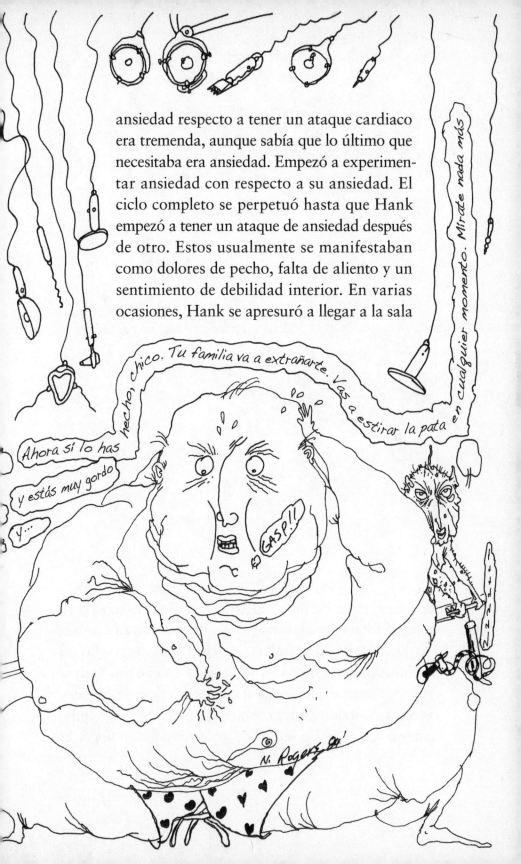

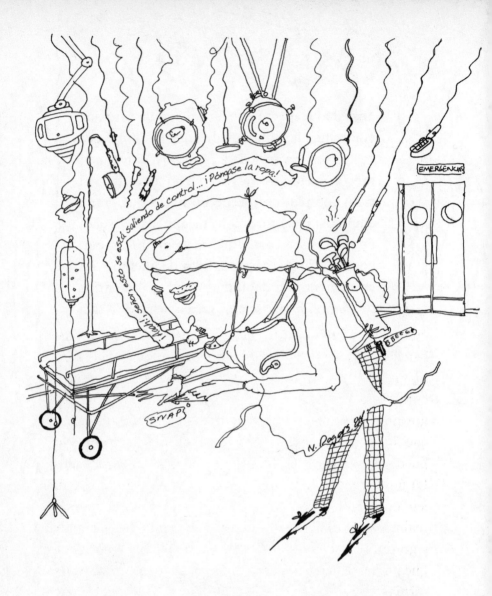

de emergencias. Se hizo pruebas y estudios médicos, pero todos determinaron que no había nada mal con su corazón.

Durante nuestro trabajo juntos, Hank desarrolló un mecanismo para domar a su gremlin en el acto. Simplemente se centraba, utilizaba su mantra de doma de gremlins y empezaba a simplemente notarlo. Le permitía a su gremlin tener cinco o diez minutos de despiadado monólogo. Él escuchaba todo lo que éste tenía que decirle. Algunas veces disfrutaba jugando con la opción de acentuar lo obvio. Lo hacía verbalizando las declaraciones de su gremlin. Le pedí a Hank que, utilizando la voz de su gremlin, se grabara para él mismo y para mí. Escuchamos la grabación en mi oficina y en un tono profundo y gutural emergió algo así:

«Bueno, lo has logrado. Ay, hombre, tu familia seguramente va a extrañarte. Vas a estirar la pata en cualquier momento ¡Mírate! Eres un manojo de nervios. Estás gordo. Tu respiración es superficial. Estás asustado de muerte. Eres un mequetrefe, un impostor, no cuentas con y no mereces una vida. Todo es una casa de naipes, gordinflón, y está a punto de caerse y cuando lo haga se caerá justo encima de ti. Terminará todo, camarada. No puedo ni imaginarme cómo es que has logrado vivir tanto. La única razón por la que tienes un trabajo es porque tu jefe no puede ver a través de ti. Si la gente en este mundo realmente te conociera, verían que sólo eres un bebé grande y gordo. No puedes mantener este paso por siempre. Así que probablemente perderás tu trabajo mañana, y de todas formas, tu esposa se está cansando de ti. Es probable que justo ahora esté teniendo un romance. Y no les gustas a tus hijos. Ciertamente no están orgullosos de ti. Estás perdiendo el control sobre ellos y sobre ti mismo. Ya vas de salida y no será una salida con gracia».

Y así. En lugar de luchar con este gremlin, Hank, una vez centrado, era capaz de tomar distancia y simplemente

escucharlo; acentuando el parloteo de su gremlin de vez en cuando desarrolló un sentimiento de desapego y después de unos minutos simplemente concentraba su atención en su cuerpo o en el mundo a través de sus sentidos, en lugar de hacerlo a través del mundo de la mente.

Esto colocó a Hank en el muy importante punto de la elección. En raras ocasiones él decidía que quería darle algo con qué jugar a su gremlin. Así que se permitía hacer esto, pero siempre ponía un límite desde un principio, indicando hasta donde dejaría a su gremlin enfurecerse. Esta forma precisa y estructurada de abordar la doma de gremlins le ha funcionado a Hank.

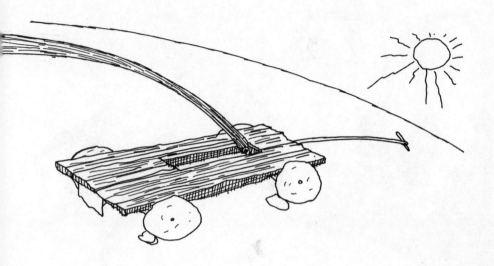

Le recuerda la importancia de la elección y su habilidad para relajarse y concentrar su atención donde él elija.

Si tu gremlin te está empujando a un punto en el cual tu ansiedad te está asustando, practica centrarte en tu mantra para domar gremlins y:

Simplemente nótalo.

Elige y juega con opciones.

(Acentúa lo obvio, quizá, como hizo Hank).

Permanece en proceso.

Y practica, practica, practica. Cada ataque de tu gremlin es una oportunidad para practicar.

A estrategia de «ellos tienen que cambiar para que yo me sienta mejor»

Recuerdo una clara y soleada mañana, no muy lejana, un día en el que la apreciación de la vida interior era fácil. Medité, corrí, tomé un buen desayuno con mi esposa y mi hijo y me preparé para manejar de Fort Worth a Austin, Texas, para impartir un taller.

Me sentía satisfecho, libre, nítido, cariñoso y sabio. La vida era perfecta. Ahí estaba yo, planeando por la autopista, escuchando a las Supremes, cuando fui abruptamente interrumpido y groseramente atacado por un estrepitoso claxon. Incluso si tienes sólo un conocimiento rudimentario de la etiqueta de la carretera, puedes darte cuenta de la diferencia entre un continuo bocinazo, un leve beep que diga «Odio interrumpir, pero necesitamos continuar moviéndonos» y un estruendo que diga «muévete o muérete». Esta ruidosa interrupción estaba por supuesto en la última categoría.

Los músculos de mi cuello se pusieron tensos como las cuerdas de una pelota de béisbol. Supongo que era parte de mi intento de guardar mi cabeza dentro de mi cuerpo. Mis nudillos se pusieron blancos y la presión con la que sujetaba el volante se intensificó. Mis ojos estaban abiertos como platos. Mi piel estaba tensa. Entonces lo vi. Aceleró por mi izquierda, se carcajeó, me hizo una seña obscena y presionó su claxon de nuevo antes de meterse delante de mí y acelerar. Parecía estarse divirtiendo mucho a mi costa.

El tipo conducía un pequeño camión con grandes ruedas (tengo un intenso desdén por este tipo de vehículo ya que me recuerda a las cucarachas). El conductor era joven, delgado y feo. Su ventanilla trasera mostraba un estante para pistolas y una bandera rebelde. No sentí amor por este ser humano.

Yo estaba en mi propio carril, viajando dentro del límite de velocidad, teniendo pensamientos nobles y puros y ocupándome de mis cosas. En un instante, ese dichoso sentimiento que había tenido durante toda la mañana fue dejado de lado por un atisbo de miedo puro, y el miedo aún no se había asentado cuando fue desplazado por un apasionado deseo de mutilar.

No sólo pasó mi vida frente a mis ojos sino que mi gremlin me tenía completamente convencido de que mi hombría estaba en juego. Es milagroso cómo todo sucedió tan rápido. En dos o tres segundos, había sido transformado de un individuo similar a San Francisco, de modos suaves, benevolente y lleno de amor, en un perro de pelea. Quería aplastar ese pequeño camión y arrancarle la cara a su chofer cabeza de chorlito. Quería venganza, maldita sea. Mi mente chilló «Hazlo pedir piedad» y una vez más la abeja reina de los mitos de los gremlins tenía a mi psique entre sus manos. Oh, la conozco bien. Era el viejo mito de «te sentirás en paz de nuevo una vez que y sólo una vez que hayas enderezado todo».

He experimentado muchas variaciones de este tema, pero usualmente se resume en la creencia de que mi paz mental depende de que se proclame que tengo la razón. Aunque también he esperado a ser visto como «recto», el «mejor» y cuando era joven como «cool». Esta es una postura paradójica, pues como resultado me entrego sin pelear a las cosas y los jugadores de mi mundo y entrego el poder sobre dónde me colocarán con respecto a la regla de la existencia que mide el dolor y el placer.

Es cierto que, me guste o no, las circunstancias afectan el nivel de satisfacción que siento en cada momento; también las tuyas hacen lo mismo. Lo apostaría. Soy un firme devoto del siguiente punto de vista: *si no te gustan tus circunstancias, cámbialas.* Pero, en cuanto a disfrutar la vida, estoy más preocupado por aquello que más me conviene. Soy un adicto a la paz mental, la clase de adicto que no se detiene ante nada. Así que quizá, simplemente quizá, puedo sentirme bien de que este miserable conductor de camión lleno de basura haya acelerado hacia el futuro, sin ver que en este camino, en este día, yo estaba usando un sombrero blanco y él era una serpiente arrastrándose por el pasto.

Sentirte bien cuando tu ego ha sido alterado no es fácil. En ese terrible sábado yo logré eso (lo que hace el final de esta historia aburrido, lo sé, pero estamos aquí para aprender, no para ser entretenidos, ¿correcto?). Y me permitió hacer caso omiso de ese chofer de camión y dejarlo alejarse hacia el fondo de mi experiencia (así que permítele alejarse del tuyo, por favor) y volví a establecer un relativo estado de satisfacción y calma. Fue una pequeña victoria, lo sé. Nada comparado con la enfermedad, el divorcio, la muerte de un ser querido o la hambruna. Pero el juego es esencialmente el mismo.

Las Supremes me ayudaron. No tengo duda de ello. Pero no tanto como algunas de las habilidades que ya hemos cubierto. Durante tres décadas de involucrarme íntimamente con individuos, familias y negocios que se encontraban en transición, he logrado tejer estas habilidades en un sistema de paso a paso que es engañosamente simple y práctico para mantenerte en calma y al menos, relativamente satisfecho, incluso en medio de la turbulencia. Les llamo las bases del placer. Tienes que aprenderlas y ganártelas. Usarlas todo el día, todos los días: especialmente después de un estruendoso bocinazo. Aquí están:

Las bases del placer

1. Establece como una prioridad el estar centrado y sentirte bien.
2. Recuerda que hacer eso es principalmente un trabajo interno.
3. Recuerda dónde es que terminas y todo lo demás comienza: esa milagrosa capa conocida como tu piel.
4. Respira, maldición, respira.
5. Relájate para mantener tu acto intacto.
6. Establece una base en el *aquí* y *ahora* desde donde puedes dirigir la luz de tu consciencia.

Los bocinazos estridentes se presentan de muchas maneras. Tensarte cuando eres atacado es natural. Pero cuánto tiempo te aferres a la tensión depende de ti. Si tu gremlin te atrapa masticando en tu memoria el evento del bocinazo como si fuera goma de mascar, tu tensión y tu incomodidad pueden durar horas o incluso días. Es importante recordar que raramente hay una correlación positiva entre pensar en otras personas y restaurar tu paz interior. Practica las bases del placer. Creo que encontrarás en ellas una alternativa poderosa.

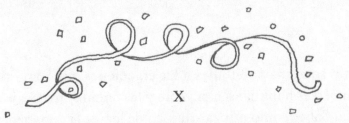

X

UN REPASO RÁPIDO

RECUERDA EL «SIMPLEMENTE» de «simplemente notarlo», el «jugar» en «elegir y jugar con opciones». Juega a llenar los espacios abajo. Te ayudará a reflexionar en lo que ya has aprendido.

Has aprendido en las bases del placer que estar c ntr do es prioritario.

Alcanzar este estado del ser es principalmente, si no es que exclusivamente, un trabajo int r o , un trabajo que empieza sabiendo dónde terminas y todo lo demás comienza, una maravillosa capa conocida como tu p l. Y has aprendido que tu respiración es tanto barómetro como regulador de tu experiencia interior. Sabes que una buena acción es una bendición, pero también sabes que no eres tus acciones, y que al relajarte mantienes tu acto intacto y que eso te ahorrará mucha miseria.

Una vez que hayas desarrollado la habilidad de centrarte, te vuelves capaz de establecerte en el aq y en el ah r como una base desde donde puedes regular el foco de at c ón. Desde ese punto puedes s mp em nte n t r la cháchara de tu gremlin así como los hábitos y c nc pt s que perpetúa. Ya sabes cuál es la importancia de atender tus respuestas habituales a las emociones, así como tus respuestas habituales a la gente y las circunstancias de la vida. Sabes cómo utilizar tu foco de luz de la consciencia para notar los conceptos obsoletos así como tu concepto de ti m sm y tus conceptos sobre cómo funciona el mundo. Conforme notes las viejas conductas y hábitos, te volverás capaz de elegir y j g r con opciones.

Entre tus opciones están:

Respira y experimenta completamente.
Cambia por ca i r.
Ac n ú lo obvio.
Sólo ima í a o.
Revisa y vuelve a decidir.

Y céntrate, concentrando tu atención en tu respiración cruzando ese lugar especial detrás de tu corazón y usando tu mantra de «estoy domando a mi gremlin».

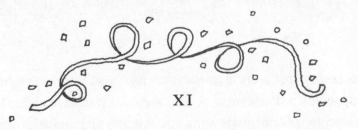

PERMANECER
EN PROCESO

Tomar la decisión consciente de hacer de tu doma de gremlin una aventura continua que siempre estará en proceso es una parte esencial para tener una experiencia interior de verdadera satisfacción. No hay meta final cuando hablamos de la doma de gremlins. Sin embargo, con práctica, te volverás tan eficiente en domarlo en el acto, que incluso su más sonoro bocinazo, sus más sofisticadas estrategias y sus más bajas jugarretas, se volverán sólo una breve molestia. Tu gremlin quiere hacerte creer que tu felicidad está en algún lugar del futuro como una recompensa que se te dará una vez que hayas colocado tus acciones, a la gente y las circunstancias de tu vida en la configuración correcta. Sin embargo, conforme empieces a domar a tu gremlin, te darás cuenta de que la satisfacción no es algo estático: no es una entidad que pueda ser capturada. Por el contrario, es una experiencia que, al igual que la miseria, está disponible y es asequible para ti.

Permanecer en el proceso es una actitud, una apreciación de esta simple verdad y del hecho de que tu vida siempre estará desarrollándose frente a tus ojos y tu futuro siempre será incierto. Permitirte reconocer esto puede ser perturbador, pero conforme practiques y domines el Método para domar gremlins, este hecho de la vida se volverá no sólo tangible sino vigorizante. Verte a ti mismo como *en proceso* te ayudará a incrementar tu nivel de satisfacción momento a momento y tu apreciación por el regalo que es tu vida.

Simplemente notarlo, elegir y jugar con opciones y mantenerte en proceso son estados del ser que están disponibles para ti en todo momento. Nunca domarás a tu gremlin por siempre, ni serás miserable por siempre, ni asegurarás tu felicidad por siempre. A cada momento tienes una opción: escuchar las palabras de tu gremlin o estar en armonía con la esencia de quien realmente eres. *Simplemente notarlo, elegir y jugar con opciones y mantenerte en el proceso* te ayudará inmensamente, así como practicar las bases del placer, centrarte a ti mismo y utilizar tu mantra de «estoy domando a mi gremlin».

La elección es tuya, momento a momento, con cada respiración. Domar a tu gremlin y disfrutarte a ti mismo y a tu vida es un proceso continuo que sucede a cada momento.

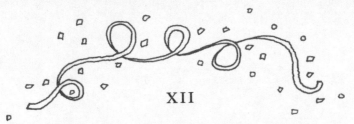

XII

SÓLO POR DIVERSIÓN

TAL COMO HE MENCIONADO, los gremlins pueden cambiar de estilo, apariencia, métodos, incluso de género, periódicamente. Habiendo reconocido eso y sólo por diversión, puede que quieras hacer un dibujo de cómo es el tuyo de acuerdo a cómo te lo imaginas en este momento. ¿Cómo se ve? ¿De qué color es? ¿Es grande o pequeño, delgado o pesado, se ve malvado, amorfo, peculiar?

Juega a crear una representación visual de tu gremlin. O escribe una presentación para él o ella. ¿Qué tal una descripción del personaje como si se tratara de una obra? ¿O una descripción de trabajo? ¿Te recuerda al entrenador Don Ledup, al Artista, al reverendo Aguafiestas o a cualquiera de los gremlins mencionados anteriormente? El tuyo puede incluso recordarte a alguien que conoces o que conociste. O puede parecerse a un animal u objeto; quizá una nube oscura o una niebla. Dale el nombre que quieras y recuerda que los gremlins cambian de estilo con frecuencia.

Hacer periódicamente un dibujo o una presentación escrita puede ser una buena idea. Si no eres capaz de visualizar a tu gremlin, está bien, no te alteres. Relájate.

En nuestro sitio de internet del Instituto de Doma de Gremlins <www.tamingyourgremlin.com>, tenemos una galería de gremlins. Puedes enviarnos el tuyo si quieres que lo incluyamos.

Tu relación con tu gremlin será de por vida. Empieza ahora por reconocerlo completamente, recuerda que reconocerlo y luchar con él no son la misma cosa. *Simplemente nótalo*, y los hábitos de respuesta a las emociones y a las personas a través de los cuales insiste en dirigir tu vida. Nota los conceptos en los que se basan estos hábitos, y también date cuenta del efecto que la presencia de tu gremlin tiene en tu cuerpo, tus relaciones y, por supuesto, tu estado de satisfacción en general.

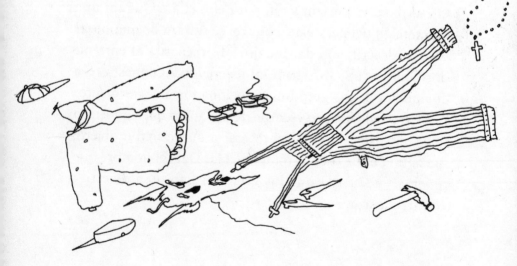

Practica y confía en el Método para domar gremlins:

Simplemente notarlo.
Elige y juega con opciones.
Permanece en proceso.

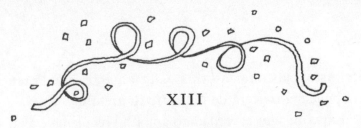

XIII

LA ESENCIA DE TODO:
EL VERDADERO AMOR

EXISTE TU GREMLIN y existe tu *yo natural*. La esencia de tu *yo natural* tiene muchos nombres, ninguno de los cuales puede abarcarla. Antes le llamamos *vida*, tu vida. Otro término que he usado con frecuencia es *verdadero amor*.

No hay descripción de la experiencia del amor verdadero que pueda hacerle justicia a su gloria. El verdadero amor es tanto sutil como perfectamente poderoso. El verdadero amor no es un pensamiento (aunque ciertamente puedes tener pensamientos amorosos). El verdadero amor es experiencia. El verdadero amor es confiable. Así como el sol siempre brilla sin importar si puedes verlo o no, el verdadero amor existe dentro de ti siempre, independientemente de si le pones atención.

Cuando el verdadero amor se une a tu consciencia, permea tu experiencia y te sientes satisfecho y en paz.

La experiencia del verdadero amor siempre está disponible para ti, aunque yo seré el primero en admitir que es más fácil acceder a él y disfrutarlo en ciertas circunstancias que en otras. Ciertamente, ayuda tener una pequeña barrera de luz entre tu gremlin y tú.

Experimentar el verdadero amor no requiere de algo o alguien para amar, aunque puede que sientas el verdadero amor dentro de ti en presencia de ciertas personas y cosas. Tampoco te aseguras una dosis más grande de verdadero amor si sonríes mucho, hablas suavemente o abrazas a personas a las que preferirías sólo estrecharles la mano y decirles hola.

Conforme aprendas a domar tu gremlin, a acceder y disfrutar la experiencia de tu *yo natural*, te volverás más capaz de detectar qué configuraciones, objetos o jugadores te facilitan el acceso a ese amor. Con tu gremlin fuera del camino, tu *yo natural* te dirigirá hacia experiencias que estimularán el amor y te alejarán de las que no lo hacen. El verdadero amor dentro de ti puede ayudarte a seleccionar con quién pasar tu tiempo o de qué cosas o jugadores debes rodearte y en qué actividades involucrarte.

La experiencia del verdadero amor difiere de la experiencia de la emoción, los sentimientos sexuales, la adoración o el deseo, aunque estas sensaciones placenteras incrementan su intensidad cuando se entretejen o tienen sus cimientos en el verdadero amor. La estimulación placentera puede ser electrizante; pregúntale a tus papilas gustativas o a tus genitales. Pero incluso un hormigueo de primera clase sigue siendo sólo estimulación placentera hasta que has despertado a la experiencia del verdadero amor que se encontraba dormitando detrás de tu corazón. Agrega a la estimulación placentera una pequeña pero completa gota de amor puro y entonces tienes un verdadero premio.

El verdadero amor no es una emoción, pero sustenta varias emociones. El verdadero amor es más fundamental que la emoción. El verdadero amor no es una onda, es como el agua. Te da más que una estimulación gratificante. El verdadero amor te llena.

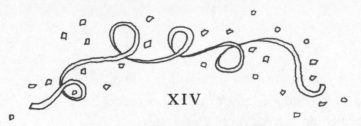

XIV

DE MI PARA TI:
AQUÍ Y AHORA

MI RECOMPENSA al escribir este libro ha sido mi disfrute del proceso. El proceso ha incluido algunas vagas fantasías de reconocimiento futuro, dinero y seguridad, así que sé que mi gremlin está en escena esperando a hipnotizarme, dándome deseos confusos y expectativas. Es un pequeño bastardo engañoso. También es persistente. Sin embargo, no le temo. Algo muy hermoso ha ocurrido en mi vida conforme he pasado más tiempo en sintonía con mi *yo* natural en lugar de pasarlo con él. Simplemente tener eso en mis intenciones me deja un gran sentimiento de satisfacción. Poco a poco estoy más en contacto con mi *yo* natural y con el verdadero amor que es la esencia de todos nosotros. Lo siento en este momento. Con frecuencia he experimentado este sentimiento cuando estoy hablando o escribiendo con mi corazón. Me gusta mucho.

Prestar un servicio a este amor se siente bien, y todos tenemos la oportunidad de hacer esto de dos formas. La primera es que puedes prestarle un servicio de la misma manera en que le servirías a alguien una deliciosa rebanada de pay de manzana; esto significa que puedes permitir que tu *yo natural* y el amor que es la esencia del *tú natural* se reflejen en tus palabras y acciones.

En segundo lugar puedes servirle a este amor así como lo harías con un maestro. Esto significa reaccionar a él y dejarlo guiarte. Te dirá qué decir, qué hacer, con quién estar y más. Escribir este libro se siente como servirme amor a mí mismo y es el mejor sentimiento que he conocido. Domar a mi gremlin y estar más en sintonía con mi esencia son los más grandes eventos de mi vida. Es un pasatiempo que va de respiración en respiración.

No hay duda de ello, todos podemos tener la hermosa experiencia interior de estar vivos. Está disponible y no se trata de catarsis, ni de *satori* ni de una visión; no es un atisbo alucinógeno, no es un momento zen, ni siquiera una revelación religiosa, sino la constante y siempre disponible experiencia de nuestra más pura esencia. No tienes que ser un swami, un avatar, ser religioso o estar a la moda para lograrlo.

En lo que a mí respecta, como ya he mencionado anteriormente, soy tanto un estudiante como un maestro de la doma de gremlins. Y *Cómo domar a tu gremlin* es mi manera de ofrecer algo de lo que he aprendido. Hay muchas cosas de las que no estoy seguro en esta vida, pero confío en este proceso. Nunca me ha quedado mal.

Si continúas buscando el placer, domando a tu gremlin, disfrutando de tu *yo natural* y accediendo al verdadero amor dentro de ti, me gustaría escuchar de ti. Puedes contactarme a través del sitio de internet del Instituto de Doma de Gremlins: <www.tamingyourgremlin.com>.

Mi más grande deseo es que la doma de gremlins sea un trampolín en el camino hacia tu *yo natural* y el verdadero amor que es tu esencia.

Comparte tu experiencia con otros y, sobre todo, disfruta de la vida. •

ÍNDICE

Cómo domar a tu gremlin, de RICK CARSON
se terminó de imprimir y encuadernar en agosto de 2013
en Quad/Graphics Querétaro, S. A. de C.V.
lote 37, fraccionamiento Agro-Industrial La Cruz
Villa del Marqués QT-76240